超常ビジネス

すきま商売発想法

佐藤一徹

共栄書房

はじめに

二〇〇〇年二月フジテレビ、ニュースジャパンの特集で私は保証人提供屋ということで全国に新ビジネスの創業者として放映された。

保証人提供というビジネスの何が目新しかったのか私には理解出来なかったのだが、とりあえず日本を代表する報道番組の特集で紹介するのであるから、世間の目からは物珍しい商売だと映ったのであろう。

保証人提供ビジネスが目新しいのなら、私はもっと常識を超越したビジネスを知っている。というのも私は保証人提供屋時代に多くのビジネス創業者達と知り合いになったからだ。そもそも新しいビジネスを始めるにあたって保証人を保証人提供屋に求めようとする輩には親友や信頼されている仲間のいない人達には相違ない。

ところが親族や友達にも信用もされていない人達がビジネスを開始するのである。

そこには秘蔵のアイデアと不退転の決意をもったビジネスの創業者達が自然と私のオフィスを訪れ顧客となっていった。

いわゆる「すきま商売」の創業者達である。

彼らの発想たるや、この私の、つまり報道番組の特集で紹介されるほど珍しい商売の創業者とされている私でさえ、彼らの常識を超越した発想にはいつも感心していた。

そこで、私が彼らから盗み取った彼らの発想法や商売を紹介したくなったのが本書を執筆した動機である。

私がニュースジャパンで報道されたのも、もとはといえば『ザ・保証人提供屋』という本を一九九九年七月に出版したのがきっかけだった。

本書は『超常ビジネス』というタイトルだが、彼らはまさしく常識を超えた人達である。

「超常ビジネス」や「すきま商売」と聞いて、読者がイメージするものはどんなものだろう。

「すきま」という言葉自体どうも胡散臭いムードが漂う。

「気の狂ったビジネス」

「北風の吹きすさぶビルの隙間」

「ほこりにまみれたタンスの隙間」

華やかな表通りとはまるで違う日の当たらない場所、長い間忘れ去られた空間……、どうやら何かとマイナスイメージのつきまとう言葉ではある。

しかし、こと商売においては、人々が行き交う表通りや、いつも注目をあびている広々とした世界にばかりに目を向けていてはダメなのである。

「すきま商売」に使われている「すきま」には、「心の隙間」という言葉がぴったりかもしれない。人々の心の隙間、アイデアの隙間、発想の隙間、常識の隙間。

「何か儲かる商売を知らないか?」「ああ、儲かる商売がしたい!」というのは、誰でもが思っていることである。

しかし、考えてみてほしい。日本中で、いやいや世界中で約六〇億の頭脳が同じことを考えていると言っても過言ではない。その中には、すでに莫大な資本金を持ってる人もいるし、IQ二〇〇以上の人間や天才的商売人もいるだろう。

まともな考え方をしていては、儲かる商売などできるわけがない。まあ、あなたがいくら考えたところで、その考えは誰かがすでに考え、実行していると思って間違いないだろう。

しかしだ、世の中、大資本を持ってる頭のいい連中だけが商売に成功しているわけではない。大企業が相手にしないような「すきま」、頭のいい人間が見逃してしまうような「すきま」に思いもよらない儲け話はひそんでいる。

それを見つけ出し、スタートさせることが大切だ。

本書は、それらを実行した人たちの発想法やアイデアとともに、彼らが始めた「すきま商売」の現実を詳しく紹介している。

その中で、ここがちょっと特殊という部分は、枠で囲み「すきま商売発想法」として強調しているので、是非参考にしていただきたい。

最終章では、それらの「すきま商売発想法」をまとめ、解説を加えた。あなたが新しい「すきま商売」を生み出す時の一助となってくれれば幸いである。

二〇〇〇年　春

佐藤　一徹

超常ビジネス◆もくじ

第四章　保証人提供屋

序章　ユニークな発想からのサクセス

「すきま商売」だった大企業

まあ、今のご時世に「すきま商売」を開始した彼らの発想たるや、それは奇想天外であることは間違いない。「人と同じ発想」「常識にとらわれた発想」からは何も生まれないことは確実だ。

そもそも「すきま商売」を開始した彼らは凡人とは発想法が違う。

「すきま商売」といっても、あなどってはいけない。今では大企業として君臨するビジネスだって、創業時にはやはり「すきま商売」だったのである。

ここであなたに質問しよう。

「お客から三万円もらい、そのお客がゲームに勝ったらその人に一億円をあなたが支払い、あなたが勝ったらその三万円はあなたが貰う」という賭ゲームを考えてみよう。

こんな賭事をあなたは引き受けるだろうか？

「えっ、相手は負けても三万円の損、でも私が負ければ一億円を払うですって！　とんでもない。そんな馬鹿げた賭ゲームなんて誰が受けるものですか！」

ではもう一つ質問しよう。

「お客から毎月一万円だけ預かるとします。そのゲームの勝敗は一〇〇パーセント、将来お客が勝利しますが、それがいつかは分からないゲームです。お客が勝利すると一〇〇〇万円をあなたが支払わねばなりません。しかしお客からは毎月一万円受け取れるゲームなのです。このゲームをあなたは受けますか？」

「お客が確実にいつか勝利するゲームだって？　しかもいつかは分からない。たとえば一万円貰った翌月にお客が勝てばどうなるんだ！」

「当然あなたは一〇〇〇万円を支払うことになります」

「たった、一万円を貰って一〇〇〇万円を支払うなんて！　そんな馬鹿なゲームは絶対にしない！」

それはそうだ。どちらもあなたが絶対的に不利な条件のゲームといえるだろう。「常識あるあなた」は、こんな馬鹿げたゲームを受けるはずもない。

ところが、世の中には変わった人もいたもので、このゲームを受けた人が存在した。あなたは信じられるだろうか？　なんとこのゲームを受け、しかも大成功したのだ。

最初は損害保険会社、次は生命保険会社の事例である。

現在の損害保険会社はもっとすごく、「一年の掛け金約四万円で、無制限の補償」というのも珍しくない。なんと「無制限補償」なのだ。

「なんだ、損害保険のことか。あの商売というのは正確な統計からなり、損害率というのも確立、計算されたもので、ゲームなんかではない」とあなたは反論するかもしれない。

本当にそうだろうか？　考えてほしい。損害保険をスタートした時にはそんな統計など、資料も裏付けも一切なかったのである。

損害保険の発案者であるイギリスのロイドという人物は、きっと奥さんや親戚、友人からこう言われただろう。

「ロイド、お前は気が狂っている。お客から一年にたった三万円貰うだけなのに、なんでゲームに負けたら一億円も支払うのだ！　そんなゲーム会社の設立は絶対に反対だ！」と。

すきま商売発想法その1
一〇〇人が一〇〇人反対する商売もある

損害保険、生命保険会社はいまや立派な大企業。ロイド氏が創業したロイズは、現在でも世界を代表する損害保険会社である。

このロイド氏的発想法が、「すきま商売」を始める者たちに求められている発想法なのである。

世間の注目を集めた「すきま商売」

本書は究極のすきま商売を考え出し、実行した事例を紹介していく。紹介する「すきま商売」はいずれもアウトロー的イメージのものばかりだが、彼らの発想法や考え方には学ぶことも多い。

その一つに「保証人提供屋」という商売がある。この商売は二〇〇〇年の現在では珍しい商売ではないが、「連帯保証人」という危険なイメージを売り物にした発想はすごい。そんなイメージがありながら、この商売のゲームリスクは損害保険、生命保険以下なのである。

さらに、「保証人を提供することが商売になるのなら、その保証人を引き受けることも商売になるはず」と考えた人達もいる。彼らは、保証人提供商売が低リスクであるのなら、保証人引受商売も当然低リスクとなることに気づき、その商売を始めだしているのだ。

すきま商売発想法その2
裏の裏にこそ新商売のヒントがある

実は私が保証人提供屋、その本人である。

一九九九年夏、私は東京のある出版社から『ザ・保証人提供屋』という本を出版した。本が発売されるや、私は思いがけない反応に驚いた。

その本を読まれた方には納得していただけると思うが、本の内容といえば、実は私がやってきた失敗談ばかりを集めているのである。ところが全国から、しかもそのほとんどが会社の経営者から、「保証人提供」というビジネスを真剣に検討したいという反応を受け取ったのだ。

「もう少し詳しく教えて欲しい」ということで、九州からおみやげを片手に東京にやってきた人もいる。もちろん大阪、名古屋、東京からも「ここを詳しく教えてほしい」という人達がやってきた。その数は六五名にも及んだ。

ところが実際に会って「相談の内容」を聞いてあまりにも単純な質問が多く、こちらがビックリしてしまった。

「そうか、もう少し詳しく本で説明していれば……」と反省もした。

忙しい経営者達がはるばる九州などから上京してくるのだ。その交通費や宿泊費、私への謝礼といった費用もバカにはできない。

出版された本の定価は八〇〇円であった。私の説明不足のため、本で説明していればたった数行程度の情報を求めて、一〇万円に近い出費をしてまでやってこられた人もいたのだ。

そこで本書では、上京してこられた方以外にも、「もう少し説明がほしかった」と感じられた人たちへのお詫びの意味も込めて、本書でその追加説明も保証人提供ビジネスを開始に必要な重要書類などを総て巻末にご紹介することにした。本の影響で六五名もの人達が数万円という経費をかけて、私にアポをとって日本中からやってきた。そのお詫びとして重要な商売書類も本書で公開することにした。

私がこの本を執筆した理由は二つある。『ザ・保証人提供屋』という本で少し紹介しただけのビジネスに、驚くべき数の人が興味をもたれたということがその理由の一つ。

もう一つはフジテレビ・ニュースジャパンの特集報道での反響だ。

保証人提供屋の創業者である私よりもっと常識を超越した経営者達を知っていた。私のビジネスが珍しいのなら、彼らのビジネスはもっと変わっている。と言うわけでそんな彼らのビジネスや超常発想法をこれからご紹介していこう。

彼ら「すきま商売」の創業者に出会ったとき、その「すきま」の核心に触れた瞬間、いつも私の頭は一瞬真っ白になる。

それは、いつも彼らの発想内容が私の理解の範囲外に存在していたからだろう。

そのショックは誠に心地よいものだったが、これからご紹介する商売はすべてが私には鮮明な印象を与えられた商売ばかりである。

創業者たちの発想法に学ぶ

そんな一人から紹介しよう。

この商売は、『ザ・保証人提供屋』で紹介した老バンドマンの話にリンクしている。

その話とは二〇〇〇万円という大金をつぎ込んで、ヌードモデル嬢を使った「撮影クラブ」を開業した男の話だが、そんな大金で肉体ハーレムを実現しなくとも、金と色を同時に満たす商売もある。

それがこれから紹介するＡＶビデオ販売の商売だ。

「なんだ、ただのＡＶビデオ屋か」

「ところが違う、何かが違う」のである。それではその「違い」をご紹介しよう。

第一章　ＡＶビデオ販売屋

経営者は二六歳のピアス男

一九九四年、私はビジネスとして彼の店舗の保証人を提供したことが縁で、その男と知り合った。

彼の名は石原俊樹。風貌といえば耳にピアス、ラフなスタイルの若者で、一言でいえば「ジゴロウさん?」というムードの二六歳の男だ。

当時、私の会社は「ウラビデオ屋」を経営する客に手痛い打撃を受けていた。

もちろんウラビデオ屋は違法な商売だが、あくどい奴はいるもので、ある男は「見せかけの社長」を準備して私の店にやってきた。

「カラオケ機械の修理オフィスの保証人をお願いしたい」

そう言ってやってきた客がウラビデオ制作を開始したのだ。その黒幕とはビル管理会社まで保有する金持ちだったが、仮の社長をたてて自分を安全圏に確保するという悪くどい奴だった。

もっとオープンな客では、「私は実は裏ビデオ屋をやりたいので……」と率直に説明したのもいた。まあ、私が「保証人提供屋」を始めたばかりの頃は、そんな客が多かった。

裏ビデオ制作というのは結構、警察に逮捕されていた。逮捕されると大家から保証人にもクレームが来る。場合によっては警察から事情聴取される保証人もいた。

そんな事態になれば私の会社では保証人引受者に平謝りということになる。もちろん迷惑料も支払ったりしていた。

そんな時に彼が来店したのである。

「えっ、ビデオショップの保証人ですか？」

私は当然、警戒した。しかし、詳しく聞くと裏ではない「ビデオ販売屋」ということで、結果として保証人を提供したのがそもそものきっかけである。

追跡調査として実際に彼の店にも行ったりした。場所は神奈川県の郊外で店舗は普通のビデオショップであり、まったく問題は無かった。

「こんにちは、どうです商売の方は？」

「いや、佐藤さんいらっしゃい！　これが店です。商品も見ていって下さい！」と、店番をしていた彼は元気に挨拶をしてくれた。

一歩入った店内は普通のビデオ屋と同じで「エイリアン」「００７シリーズ」などの商品が陳列してあり、どれも九八〇円という定価が付いていた。

「安い……。これじゃレンタルより買ったほうが得みたいだ。これで商売が成り立つのだろうか……」

そう感じたが、そんなことは彼には言えない。

ところが一歩奥に入ってビックリした。

「赤、赤、赤一色」なのだ。

しかも香水の香りが漂っている。

「ハハハッ、ビックリされたでしょう。実は、これはお客の瞳孔を開かせるためなんです」

「瞳孔？」

ビッシリとＡＶビデオに取り囲まれ、まさに私の瞳孔は開いていた。瞳孔が開いたついでに、しっかりとＡＶ商品を見て回ったら価格四〇〇〇円程度のものから二万円以上のものまである。

「二万円は高いですネ」

「イヤイヤ、五万円のものだってあります」

「ゴ、五万円⁉」

私はビックリした。彼によるとマニアックなレアものは高価なのだそうだ。

「レアもの？」

どうやら、稀少価値があるものということらしい。

何やら、ビックリすることばかりだったが、とにかく彼の店を去ることにした。

「これどうぞ」と、別れ際になんとプレゼント。そうＡＶビデオを一本いただくこととなった。

会社に帰り開いてみると、なんとコンドームまで入っている可愛子ちゃんの作品であった。

「コンドームをセットにしたＡＶビデオ販売か……」

私は妙に感心したり納得したり……。

それから二年後の一九九六年、彼がヒョッコリ来店した。

やはり二年前と同じで耳にはピアスだったが、服装がイヤにパリッとしているし貫禄も付いている。

「もう一店、チェーン店を出すので、またお願いします」という。

私達「保証人提供屋」は、家賃一カ月分に相当する紹介料で保証人を提供しているのだが、今度の彼の店舗は家賃二五万円である。彼は上客になったといえる。

「それは、それは。どうです、ちょっと食事でも……」と、ビデオプレゼントのお礼も兼ねて料亭で接待となった。

「すごいですね、もう二店目ですか……」と始まって話が弾んだのだが、彼の経歴が面白い。

彼は高校を卒業後、ホスト、土木工事、内装工事、パソコン屋、ケーキ屋、居酒屋、ユニットバスの営業、トラックの運転手等、合計一四回も転職したという。

周りから落ちこぼれと白い目でみられていたらしいが、私には立派と思えた。転職しながらでもしっかりと働いているのは実に立派であるのだが……。

「でも耳にピアスで営業はちょっとまずいんじゃない?」

「ええ、ヤッパリそうですよネ」

「で、どうしてビデオ屋の経営を始めることに?」

どうやら一五回目の転職先がビデオショップ、そうレンタルではないビデオ販売店だったことがきっかけらしい。

「それで、最初の店の開店資金はどうやって準備したの?」

ごく普通の質問であった。

「彼女からも……。全部で三〇〇万円くらいでしょうか」

「彼女?」

「三〇〇万円?」

二年前、私が訪問したときにはAVだけでも五〇〇〇本におよぶ商品が陳列してあった。

「五〇〇〇本×二〇〇〇円としても、仕入れに一〇〇〇万円。それなのに三〇〇万円で開業とは……」

私は一気にこの商売への興味が吹き出した。

盗撮ビデオも合法的に販売

「これは何かがある……」

私は実はこのような裏の話には、非常に興味を惹かれるのだ。しかも、たった二年で二号店をオープンする男である。何かがある、と直感したからには聞き出さずにはいられないのが私の性分であった。

すきま商売発想法その3
飲み屋で引き出せ、すきま商売テク

商品仕入れなどは、たいした問題ではない。経営の裏テクニックが絶対にあるのは間違いない。とはいっても本当の情報を引き出すのは実は難しい。それなりのテクニックも必要だ。ところが自慢ではないが、私にとってそれは朝飯前。私は飲み過ぎてヘドを吐きながらでも演技ができる訓練を積んできた。もちろん心理学、深層心理、ボディーランゲージを知り尽くし、それらを利用する方法もマスターしているのである。

それらを駆使して引き出した彼の本当のテクニック。それは実に意外な所にあった。ただのビデオ販売ショップと思っていたらとんでもない。まさにＡＶビデオのすべてをこなして稼いでいたのである。

世の中には実にいろいろなマニアがいる。盗撮マニアもその一つであろう。また、ラブホテルで自分の彼女とのセックスを撮影して、裏でそのビデオを売り込む輩も現実に、しかも驚くほど多数いるのだ。

彼はそれを買っていた。そして買ったビデオを作品として売り出してもいた。シロウトの映像を「作品」に仕上げるための編集作業も彼が行い、ラベルのレイアウトから印刷までの組織、また流通させる販売ルートまでも確保していたのである。

「編集機械っていくらくらい？」

「ピンからキリですね。二〇〇万円のもあれば五〇〇〇万円のも……」

「五〇〇〇万円⁉」

「ええ、うちは外注の高価な機械でボカシや編集をやらせています」

「えっ、ボカシって、あのボカシ……」

「ええ、そうです。あのボカシなどはたいしたことではなく、編集作業、つまり本で言ったら組版レイアウトにお金がかかるんです」

「で、その持ち込みテープをいくらで買い取るの？」

「まあ一〇万円から、いいので五〇万円程度でしょうか……」

「それは自分でチェックして決めるの？」

「そうですよ、もちろん」

「その持ち込まれた作品がダビングテープの恐れは？」

「ハハハ、それはいえません」

「で、ラベルのデザインは？」

「それも私がやりますよ。ラベルのデザインが命ですから」

「販売価格はどうやって決めるのですか？」

「ああ、それは大体決まっているんですよ、定価は一万五八〇〇〇円、まあ表向きはみんなそうしています」

「それをいくらで販売するの？」

「定価はあくまで定価。実際の販売価格は四〇〇〇円前後でしょうか」

つまり、彼の店に持ち込まれた作品を三〇万円で買い取ったとしよう。買い取ったテープを編集・ダビングする。その費用が約二〇万円というわけだ。

それにラベルのデザインと印刷費が加わる。もちろん生テープの費用も必要だが、今では一〇〇円ぐらいで購入できるはずだ。

ラベル印刷は四種類のラベルを一度におこなうらしい。ということは四作品を一度に制作するということでもある。その費用が約六〇万円だという。つまり四作品の購入費一二〇万円、編集費八〇万円、ラベル印刷費に六〇万円、合計二六〇万円が制作費ということである。

作品は一〇〇〇本単位で制作するらしく、仮に一作品一〇〇〇本として、四作品では四〇〇〇本ということになる。つまり一本あたりの制作費は六五〇円である。それに生テープの費用を一〇〇円とすると七五〇円ということになる。サービスのコンドームやビニールパック費用を含めても、一〇〇〇円以下であることは間違いないだろう。

裏ビデオでないという審査を受け、その後、検査済のシールを付けて流通にのせるという。もし、レンタルビデオの流通に乗せると定価一五八〇〇円の八掛けでレンタルショップは買い取るのだ。つまり一二六四〇円が卸価格となる。

「ボロ儲けである」

しかもビデオ審査の合格品という合法的ビジネスでの利益がこれなのだ。

もっと詳しく聞いて見ると、持ち込まれたテープの買い取り価格は通常一五万円程度という。つまり自分の彼女などを撮影し、裏でそのカラミ映像を一五万円で売っている男がいるということでもある。

すきま商売発想法その4

マニアを狙え

「一五万円でも今どきは高い方ですよ。裏ビデオの女性だって五万円からいますから」

「五万円!?」

彼は、実際にＡＶ女優を使ってのビデオ制作も手がけているのだ。

「ええ、何なら紹介しましょうか？」

「お願いします！」と言いたかったが、まあそれ以上の話は時間の都合で無理となった。

最後に「お店の商品だけの売り上げは、月間いくらくらいですか？」と聞いてみた。

「そうですね。いいときには四〇〇万円くらいですが、三〇〇万円程度はコンスタントに売り上げていますよ」

「一店目は家賃八万円のボロ店舗だった……。人件費も彼一人でやっていたからゼロ。そうか、それでもう二店目か……」

たった二年で、今度は家賃二五万円の店をオープンするのである。

「頑張って下さい」と言葉を残して、その夜は別れた。

色好き高齢者を「経営指導」

石原俊樹のことはすっかり忘れていた一九九九年夏、彼から電話が入った。

「やあ、佐藤さん、本を出しましたね。私も買いました」という連絡だった。

「どうしてます？　元気ですか？」

「あれからもう一店舗出したんですが、保証人には知人になってもらったのでご無沙汰しています」という話だった。

事業が成功すると保証人になる知人も増える。そのため私の会社への依頼はストップするのだが、反面、創業時に保証人を提供した人達が成功するのはうれしいことでもある。

「また、飲みましょう。東京に来られたら連絡して下さい。携帯電話の番号は……」と言って電話を切ったのだが、その後約束を守って、彼は一〇月に私の店に遊びに来てくれた。

そこでまた彼は成長していた。なんと飲食店の経営と、さらにもう一店のビデオ販売店をも経営していた。

「それじゃ、躰がもたないでしょう？」

「ええ、ですから三店舗目は経営指導だけおこなっているのです。二五坪の立派な店ですよ」

「ほう。その店を始めた人って、いくらくらいの資金で開始したの？」

「約一五〇〇万円ですか……。六五歳の元サラリーマンです」

「六五歳？　で、その人からいくらもらっているの？」

「毎月一〇万円だけです」

「フーン、たった一〇万円でね……」

「実は佐藤さんの本をヒントにしたんですよ」

「えっ、それは……何？」

「あの元バンドマンの話があったでしょう。あれですよ」

「二〇〇〇万円をモデル撮影クラブにつぎ込んだ、あの老人のハーレム話？」

「ええ。そういうのが私の店に来る客にいたんですよ、ヌード撮影会社をやりたいっていう人が」

「でも、あれは二〇〇〇万円をたった八カ月で失った男の話だけど……」

「それで考えたんです。二〇〇〇万円あれば、私だったらもっといい目に遭わせてあげられる。それを、そのお客に話したらトントン拍子にまとまりまして……」

「一体どういうこと？」

「私のやっているビデオ販売店のチェーン店の経営を奨めたんです。そこにあのバンドマンの話をリンクしたんです」

石原の話はこうだった。

彼は、今まで自分でテープの買い取りや編集、さらに撮影もおこなってきたわけだが、チェーンに参加すれば、そのオーナーにテープの買い取りや編集作業はもちろん、ＡＶビデオの撮影現場にも自由に入れるという資格を与えたのである。しかも、最新のデジタルビデオの撮影も実際にオーナーにやってもらうということであった。撮影アングルも自由自在にやらせるという。チェーン店に参加すれば、あの夢の撮影現場に入って、実際に自分の手で撮影や指揮ができるのだ。

すきま商売発想法その5
色と高齢者の金をドッキング

合法ＡＶ撮影といっても、実際には裏ビデオと何ら変わりがない。その内容は、編集という作業で合法化していくのである。

「でも六五歳の元サラリーマンとやらが撮影現場に入るんじゃ、女の子がイヤがらない？」

「ハハハ、そんなことは一切ありませんよ」

「その歳では店番もきついだろうし……」

「それはバイトの男の子で十分ですよ。コンビニと一緒！」

「ところで、なぜ一五〇〇万円も投資する必要があるの？」

「テープだけで五〇〇〇本は必要なんです。一本二〇〇〇円としてもそれだけで一〇〇〇万円なんですよ。それに棚や店舗の契約金を入れたらそれくらいいっちゃいます」

「その資金が少し足りない人は……」

「そんなの私が貸しちゃいますよ」

「えっ、すごい！　そこまでになったんだ……」

私も資金があればやりたくなってきた。しかし、どうかき集めても五〇〇万円というところだ。

「あの……、私は五〇〇万円しかないんだけど、その商売やれるかなー？」

「もちろん。佐藤さんなら二つ返事でＯＫですよ」

私はビールを飲みながら、撮影現場の空想で頭がいっぱいになった。

「チクショウ、やりたい！　でも今は全国の支店支援で手一杯だ……」

もうそれからは撮影現場や編集作業などの空想で、話どころではなくなっていた。もう少し歳をとったら考えてみようと、今も真剣に思っている。

カギは、仕入れチェックと雰囲気づくり

石原がチェーン展開を始めたこの商売を、簡単にご紹介しておこう。

平均店舗面積一五坪、ビデオ在庫ノーマル一〇〇〇本、ＡＶ四〇〇〇本、平均月商三〇〇万円程度のビジネスだ。

平均利益率五五パーセントであるので、利益は約一六五万円となる。経費は人権費三〇万円、家賃二〇万円、広告費一〇万円、通信光熱費五万円の約六五万円程度となるだろう。一六五マイナス六五万、つまり約一〇〇万円が純利益である。まあ、「保証人提供屋」と比べれば純利益は低い。

しかし、リスクは万引きぐらいで、私の商売と比較すれば絶対的に安全な商売といえる。

問題は、商品の仕入れチェックであろう。現在レンタルショップに並ぶ一般ＡＶビデオと比較して、販売専用のＡＶには極端に修正が少ないものもある。

極端に修正が少ないことを文章にはできないが、レンタルビデオ屋に並ぶ内容をチェックしてほしい。その内容から意味のニュアンスをくみ取っていただきたい。

しかし、パッケージで梱包された商品を開いて四〇〇〇本全部をチェックすることは不可能

に近い。修正がなければ違法ＡＶとされる可能性もあるわけで、そこが、問題点といえば問題点である。

また、持ち込みテープには人権の問題もあり、ここはやはり店のオーナー自身で作品を作り、編集にタッチする彼の方法がベストといえる。

もう一つの問題は未成年の使用であろう。少し前はロリータというジャンルは結構好評だったが、条例の制定により今は違法となっている。

ロリータものを制作すれば数億稼げるともいわれているように、この商売には誘惑も多い。まあ、そんなものに手を出さないためにも彼のやり方を見習うべきだろう。

彼のチェーン店に参加すれば、自分で撮影し、自分で編集した作品を店舗で販売できる喜びもある。なによりも若いＡＶ女優？　を相手に毎月四本の作品を制作できるのだ。

しかも一五〇〇万円の投資が必要とはいえ、一〇〇万円前後の純利益も確保できるのである。まさに夢の経営者。

まあ、希望者は今後も殺到するだろうが、彼には撮影したマスターテープの管理と十分な編集作業への監視が必要であろう。

この本を書くに当たって、二〇〇〇年三月のことだが、私はもう一度彼の店の秘密を探りに行ってみた。私が盗み取ったノウハウを少し紹介しておこう。

まず、陳列棚の色が赤という点は五年前と同じであったが、一号店の場合は赤テープだったのが、二号店ではペンキで着色された飾り棚になっていた。

至る所に小型監視カメラが設置されていたし、ＢＧＭの選択にもノウハウがあるようだ。

それに陳列方法が明確で、主にジャンル別に陳列されている。ひとつのジャンルの中でもさらにメーカー名で分けるのがコツか。ジャンル名に「クイーン」「痴女」など変なネームもあったが、それも客達には分かるらしい。

一番の特色はテープの下に張っている説明文だろう。なるほど購買意欲をそそられる名文句や写真でレイアウトされていた。

店内に流れる香りにも秘密がありそうだ。まあ実によく考えられていると感心した。

すきま商売発想法その6
香りとＢＧＭに注意せよ

彼の店のＡＶビデオの商品陳列と配置、その他の雰囲気づくりには、瞳孔を開かせ、サイフのヒモを緩めるテクニックがビッシリとあるようだ。

しかし、彼の店を見、彼の話を聞くほどに、ビデオ販売店は実に特殊なマニアックな世界だと思う。日本女性のヌードが好きという、極めてノーマルな感覚を持つ私などは、「なぜ？　なぜ？」の連発である。

女性がバレーボールをやっている録画だけのビデオや女子高校生の制服姿だけのもの、水着だけが永遠に続く商品……。はては、ウルトラマンセブンにさえもセックスアピールを感じるマニアがいるらしい。

そんなものには一切興味もない私にとっては、まったくもって不思議な世界である。私の常識が覆させられるのがこの業界のマニアであろう。これにはもう「ギブアップ」の一言である。

アバウトが魅力のビデオ業界

この商売の市場性もご紹介しておこう。

この業界はアバウトな世界である。ビデオレンタル店は全国に約八〇〇〇店、ビデオ販売店は約二〇〇〇店あるという。ビデオ店経営者、ビデオメーカー自体がその実数は把握できていないような業界である。

レンタル店と販売店の相違として、客単価は前者が約八五〇〇円、後者が約六〇〇〇円。一日一〇万円を売り上げるにはレンタル店で約一二〇名、販売店で約二〇名の客が必要となる。レンタル店では店員の客接待は五分に一人となり、販売店では三〇分に一人程度である。むろんレンタル店には返却の客も来るし、商品の陳列、再陳列などで店員の負担は大きくなる。レンタル店が会員制なのに対し、販売店はその設備も不要なので、アルバイトの人件費、店員の負担を比較すれば販売店が断然有利であろう。

また、販売店ではビデオ以外にツーショットカードや伝言ダイヤルカードの販売もおこなっている。これらは委託販売が中心で利益率は二五パーセント。この副商品の平均売り上げは月一二〇万円、利益は約三〇万円となり、この副収入でアルバイトの人件費を賄えるのである。

しかし、レンタルと販売で一万店がひしめくこの商売の将来性は、かなり厳しい。いわゆるカラオケ店のような状況である。だが、そこにもやはり「すきま」はあるわけで、今回この本で紹介してきた「すきま」を、ビデオ販売店の経営者は参考にしていただきたい。

三店舗の「すきま的ビデオ販売店」をオープンさせた石原のやり方を、もう少し詳しくご紹介しよう。

この商売は半径一〇キロメートル程度が一店舗のカバー範囲である。彼は同業者のいる地域には絶対に出店しない。

という訳で大都市はターゲットに入れていない。神奈川県の郊外都市を中心とした出店で、彼は彼のやり方を貫いている。

私からみれば彼のやり方なら競合地域でも十分勝利できそうと感じるのだが、彼はさらに安全を重ねる主義のようだ。

彼のようなビデオ販売屋はビデオレンタル屋に一番注意を払っているのかと思うが、彼はレンタル屋の出店状況には一切関心を持ってはいない。むしろビデオレンタル屋の出店地域のど真ん中で商売をおこなっている。

この理由は、レンタル屋には絶対に作品を流さない卸業者とのタイアップにあるようだ。AVビデオは特にこの境界を設けて、販売専門店とレンタル店との商品を区別している。また、そうでないと誰も販売店には足を運ばないだろう。

同じ内容のAVビデオをレンタル店では三五〇円なのに販売店では四〇〇〇円も出すとなれば、私なら絶対にレンタルですます。多分あなたも私にご同意いただけると思う。

AVビデオ制作会社から考えれば当然レンタル店向け作品の方が利益も大きいし販売量も違うので、その方向に営業戦略を傾けると普通は考える。

ところが現実はどうも相違している。つまりこの業界は、制作会社の総数さえアバウトであり、一作品の制作数もせいぜい一〇〇〇本レベルである。販売店だけで約二〇〇〇店もあり、販売専門の作品を制作しても十分なのである。

本と違い、制作コストは非常に安い。本以上の制作コストをかけているのはアニメ作品だけといっても過言ではないだろう。

もちろん中には数百万円というＡＶ女優への出演料が必要な作品もあると聞くが、これなどは販売店向け商品にはならないし、また販売店に通うお客には好まれない。

販売店に通うお客のほとんどは「マニア」であり、制作本数の多い作品には目もくれない。つまり「レア物指向」なのだ。

制作会社の方も、販売店用とレンタル店用との商品の区別に注意を払って商売をしているのだが、中にはそのルールを破る業者も出てくる。

そのような制作会社は当然卸会社との取引が停止となってしまう。そんな制作会社の商品を並べていた販売店は、その情報が入ると泣く泣くバーゲン商品として処理することになり痛手も大きい。

このリスクを回避するにはシッカリした卸会社との提携が不可欠だが、石原は絶対的に信頼できる卸会社と提携している。というより、むしろ提携ではなく一体となっているのだ。これは取引という一般的な関係ではなく同族会社ということである。

つまり、彼はこの業界を信用していない。ここにも安全に安全を重ねる彼の一面が垣間見られる。商品の卸しを同族でガードし、彼の店のオリジナリティは彼自身の制作組織でこなしているのである。

「そこまで信用できない業界なのか」と私などあきれてしまうが、この話を聞いて、彼が「本当にアバウト、何につけてもアバウトな業界」といっていた意味も理解できた。

探せばまだある、業界の「すきま」

アバウトな業界に身を置くビデオ販売店のもう一つの「すきま」にリサイクルが挙げられる。新製品を販売し、飽きた客から安く買い取り、中古品として販売できるというのがレンタル店にはない魅力である。

書店と古本屋を同じ店舗で経営しているようなもので、このようなことができるのが、この市場の未成熟な点だ。本販売業や出版社からみれば、信じられないような世界であるが、この点が将来的な魅力となっている。

すきま商売発想法その7

新製品とリサイクルした中古品を同時販売

小資金でこの商売を始めるなら、「リサイクル専門のビデオ屋」がいいだろう。もちろん古物商の届が必要になるが、これだったらチラシ広告だけで、不要なビデオを安く準備できる。資金だって一本三〇〇円で五〇〇〇本仕入れても一五〇万円で可能であり、もっと資金が少ない場合なら一〇〇万円だって開業できるだろう。それを一五〇〇円くらいで販売すれば十分やっていける。

中古書店の場合、発行から一年以内の本は定価の約二割ほどで仕入れ、五割程度での販売だろうが、初版から一年以上の書籍ならただ同然の価格で仕入れている。ただ同然で仕入れた本の中には高額で販売できるものもあるが、ほとんどは一〇〇円コーナーに並べられることになるだろう。

しかし、中古ビデオの場合、中古本のような一冊一〇〇円というバーゲン処分販売価格はありえない。せいぜい九八〇円というのが処分値の下限で、ここにもこの業種の魅力がある。

不安材料としてはビデオテープという古い材料を使用している点だ。すでに家庭用ビデオもCD化の時代も目前だし、そうなれば店舗スペース、ダビングシステム、ボカシ装置などインフラ費用に影響がでるだろう。

まあ、その反面、撮影もデジタルビデオカメラ、処理もデジタル化で格段に安価に製作できるだろうが、この世界だけはハードが日進月歩。気を許せない業界には違いない。

第二章　外国人なんでも相談屋

紹介料を生む相談事

二人目は林田慎二、四八歳。

彼の始めた「外国人なんでも相談室」というのは、要は外国人相手に各種紹介取り次ぎ料で食っていたような商売だ。

外国人がアパートの保証人が欲しいとくれば、私のような「保証人提供屋」に取り次ぎ、ビザの相談ならば「ビザ屋」に取り次ぐ。その他としては会社設立には司法書士、法律相談では弁護士に取り次ぎ、そのたびにバックマージンを貰っていたのが彼の商売。この商売は、すべてが紹介料につながる可能性をもっている。

実際、林田は外国人の相談や困り事を、すべて迅速に処理していた。つまり、外国人の困り事や依頼のすべてが彼の商売になるのである。

外国人の相談とは一体なんだろう。

まず、アパートやマンションを確保するための保証人依頼。日本で商売を開始するための店舗や、フリーマーケットへの出店契約などの保証人依頼も多い。これなどは私のような「保証人提供屋」を紹介すれば、その二〇パーセントが紹介料収入となる。

会社設立の依頼も多い。依頼を受けた林田は、司法書士に法人登記を依頼する。彼はもちろん司法書士費用にマージンをプラスした料金を受け取っているが、彼の細かい所は、お客からは正規の印鑑費用を請求し、実際には安い印鑑店に法人印を依頼して、あらゆるアイテムからもマージンをとっている点だろう。つまり、会社設立依頼で法人登記、会社印をセットに受注していることだ。

この「外国人なんでも相談室」は会員制のため、相談に来る客は登録費用として一万円をまず支払って依頼を開始する。その依頼事項をグローバルに請け負うのが林田のテクニックというわけである。

店舗さがしのお客には、店舗を一緒に探す手伝いもやっていたが、料金表には「日本人スタッフサポート料」一時間三〇〇〇円などと明記されている。

日本では、外国人が何をするにも日本人の保証人が必要となるので、当然私の会社への紹介も多かった。こちらとしても大切な取引先ではあったが、なにせ彼は紹介するだけの商売、こちらは保証人を提供する商売で、継続したリスクは一方的にこちら側にあったのだが、ただの紹介者である彼には一切文句はいえない。

考えてみれば彼の商売ほど楽でリスクの無い商売はない。

また、この商売は一切設備が不要である。すべての依頼を専門家に振り分けるだけのことで、その人脈や知識が唯一の財産といえる。

広告費も初期には必要だが、外国人というのは面白く、一旦信用すると同国人をアッという間に紹介してくれる。こうなるともう広告などは必要はなく、紹介が紹介を呼び、連鎖反応的に拡がっていく。ただ、その反対もあり、一旦悪評がたつとその伝達も早い。

エピソードに事欠かないお客たち

林田からこちらには保証人の依頼で紹介がくるのだが、彼から廻ってくるお客にもエピソードが多い。その中から二つの話をご紹介しよう。

はじめは、東京都狛江市の有名大学、英語講師デビッド。四二歳。

一九九六年「大学に仕事が決まった人が、保証人がほしいらしい……」と林田からファックスが入った。

来日したのは、アメリカ国籍の黒人。その後、マンションを探し歩き、やっと決定したということでやってきたジョーク好きな奴である。

こちらとしてもいつもの客のように保証人を提供し、家賃の一カ月分を保証料として受け取った。もちろん林田、つまり「外国人なんでも相談室」さんの方には、その二〇パーセントを紹介料として振り込んだ。

一九九七年、部屋の契約更新ということで不動産屋から手紙を受け取ったのだが、不動産屋がいうのには家賃が八カ月も滞納しているらしいとの報告だった。

私「どうして、そこまで放置したんですか⁉」

不動産屋「大家さんからの連絡が遅くて……」

「わかりました、すぐに行ってみます」ということで狛江のデビッドをたずねた。

私「家賃、八カ月も滞納してるんだって？　どういうことだ、いつ払うのか！」

デビッド「えっ？　大家さんのＯＫ取っています」

私「なに、大家さんの了解を取っているだって……」

駅前の不動産屋にそう報告すると不動産屋も困っている様子だ。

不動産屋「あの大家さん、優しいから……」

一旦は引きあげたものの、数カ月してまた不動産屋からの報告が入ってきた。

不動産屋「大家さんが今日、うち（不動産屋）に来られたのですが、まだ家賃が入っていない」

私はデビッドの勤める学校に電話し、彼にまた注意と督促をしたのだが「大家さんのＯＫを取っている」と彼の方が驚いている。

二日後、不動産屋に行って詳しく聞いてみると、大家さんというのが七一歳の老女で独り身だという。そして彼、つまり大学講師デビッドは、彼女のセックスマシンらしいというのだ。大家は彼には直接の家賃請求ができず、不動産屋にはポロッと愚痴をこぼすらしい。

これを知った私は、あまりにバカバカしくてそのまま帰ったのだが、「アメリカ人大学講師もナイジェリア不法滞在者たちと同じだ」と感心もした。いくら家賃のためとはいえ、七一歳老女へのセックス提供には抵抗があるだろうに、彼はせっせとその武器を使っていたのだ。

それにしても七一歳老女の性欲もたいしたものである。黒人のビッグコックをさぞや楽しんだことだろう。

「女は灰になるまでセックスの欲望から離れない」ということか。

「そういえば私にも経験がある……」

私は昔、パイロットとして各地を飛んでいた。島根県、隠岐の島で地元では由緒ある旅館によく泊まっていたのだが、ある日経営者が部屋に入ってきた。

「母の臨終の前にもう一度セックスをさせてあげたいのです。地元の人には頼めません……、お願いします……」と五万円が入った封筒を差し出した。

聞いてみると七一歳という。

こういった島国では旅館の経営者は地元の名士に数えられる。そこで知り合いから臨終間近い母親の相手を探すとなると不可能で、よそ者の私へ話を持ちかけたのだろう。

当時バイアグラがなかったので、さすがに老女相手に勤めを果たす自信がなくて辞退したが、女という動物は誠にスゴイ生きものというお話。

このように日本人女性も七一歳になってもあの方では頑張っている。


二人目は、物質的に困らされた客である。

コーエン、三八歳のイスラエル人がそいつだ。やはり彼も林田のなんでも相談室にやってきた一人で、彼から紹介されたお客だった。ところがコーエンは、大家に「私の会社」の社員と名乗ったらしい。

私は保証人提供屋だが、もちろん会社名は別にしている。私の場合「〇〇ガイア」という法人名を使用し、表向きは貿易会社である。その法人の社員という肩書きを、コーエンは勝手に使用した。

イスラエル人は退役後、世界各地を旅行する若者が多い。兵役は彼らの義務であり、その義務が終わった後、旅行で気晴らしをするのか、日本にも毎年大勢のイスラエル人がやってくる。

コーエンは旅行でやってくる若者を自分のマンションに寝泊まりさせ、シルバービジネス、つまりアクセサリーの露店を手伝わせていたのだが、あまりのうるささに大家がついに部屋の鍵を取り替え、追い出してしまった。ところが、部屋に残された、大切と判断した荷物を全部私の会社に送りつけてきた。

大切な荷物とは、あの銀製品を中心としたアクセサリー、それも露店に陳列するケースごとである。その数や二三セット。たちまち私の事務所は銀製品で埋められ身動きもままならないほどであった。露店商売では一カ所に五セット程度のボードだろうが、彼は地区の元締めをやっていたのだ。

イスラエル人の露店商売は、警察やヤクザともうまくつきあってやっている。彼らには特別な思想があり、眼には眼をという考えが徹底しているのだ。ヤクザとも深いつながりがあることと、彼らの特別思想をよく知っていた私は、荷物を一つでも処分できない。コーエンは一週間して大きな車でやってきた。

一週間も露店商売ができないことは、彼らには大きな痛手であろうが、あのイスラエル人を追い出した大家は誠に立派である。

彼らの販売組織は確立できている。カナダ人女性が元締めらしいが、その下には大地区を管理するイスラエル人、コーエンのような地区を管理する地区管理者などで組織している。

ある者は旅行者専用のアパート契約を専門に動く。大地区管理者には来日二〇回を超える猛者もいる。

来日二〇回というのは、観光ビザが三カ月有効で、ビザが切れる頃一旦外国に行き、再び日本に入国するのだが、その回数が二〇回を超えるのである。

当然、入国管理局にはデータが残され、入国は回数が増えるに比例して困難になってくる。ここまでになると日本語はペラペラで部下も従えての入国や活動となる。部下には軍隊のレインジャー出身者を揃え、安全を図っている。

コーエンはただの地区担当で、それほどの力は与えられていない。

ブツブツ文句を言いつつ全部持ち帰ったそうであるが、荷物を預かってもらったお礼にと、商売道具の銀ピアスを置いていったという。

時には、こんな困った客を紹介するのも林田の商売だが、彼の仕事はあくまで見込み客の紹介。彼が紹介した見込み客をお客とするかしないかは私の判断で決定するのであり、彼は一切関係しない。しかし、紹介されたお客のトラブルは、酒席で嫌みを言いたくもなるものだ。

国によって違うトラブル発生率

林田の主たる収入は何かというと、「なんでも相談室」は会員制なので、入会金と会費がメインである。ただ彼は、私のような「保証人提供屋」や「ビザ屋」「司法書士」「行政書士」「弁護士」「印鑑屋」「引越屋」「残高証明屋」などからお客の紹介のお礼として、彼らの取り分から一〇〜二〇パーセントのバックマージンを受け取っている。

そんなわけで、林田からみれば「保証人提供屋」や「ビザ屋」も代理店のような存在だったのだろう、よく夜の接待に招いてもらっていた。

まあ、その席でよく私は小言を言わせてもらった。

彼はニコニコ聞くだけで、もちろん一切の責任はないといえばない。それでも、彼が紹介してきた客のトラブルは伝えておくことは忘れなかった。

林田が紹介してきた外国人の中で、悪い奴らが集中した国もある。その筆頭はナイジェリア人だ。ナイジェリアの悪い奴といってもピンからキリまでいるだろうが、ピンの方では国際クレジットカードの偽装と使用であろう。一九九七年、練馬区で逮捕や手配されたナイジェリア犯罪集団は約二〇名がワンセットで動いていた。

このピン達の悪党ぶりは徹底している。ローンが付いた車であろうが、レンタカーであろうが海外に運んで処理できる組織をもっている。イギリスやカメルーンパスポートを手に日本にやってくる。

その手引きや元締めが、日本人女性と結婚したナイジェリア人達である。結婚ビザで合法的に日本に永住できる権利をもっているこの連中の立場は強く、うまみも大きい。

そうした利権を求めて、多くの連中が結婚を目的に日本人女性を探し求めている。網に掛かった日本人女性なら誰でもいい。

彼らは、結婚するまでは極端に従順で献身的に振る舞い、獲物を獲得しようとする。獲得するまではアメリカ人とかイギリス人と偽って、決して自分をナイジェリア人とかカメルーン人とは言わない。

これが原因で悲劇が多発する。妊娠した女性が正式に結婚を考える頃このウソが発覚するのだ。ウソと知ったあとでも結婚してしまう女性もいる。これで彼らは「ビンゴー！」となり、強い立場を日本で確立する。そして、犯罪を裏であやつるのだ。

以前ある一味が、偽造銀行キャッシュカードで逮捕されたことがあるのだが、彼らは万一逮捕されてもいいように、その場合のすべての手口を熟知している。

パスポートを隠しているし、名前もウソを警察に説明する。通訳が来るまでは、日本語が理解できないフリをして時間を稼ぐ。

名前さえ裏がとれない奴では起訴は不可能となり、入国管理局送りとなってしまう。そして強制送還されるのだが、彼らには別に痛くもかゆくもない。

「タバコも自由に吸える天国」くらいにしかに収容所を感じていない奴らだ。送り返されても、また別の国籍、別の名前で入国してくる。

それに比べれば、キリの悪人はまだ可愛い。

彼らの目的は日本人女性との結婚とスポンサー探しに追われている。六本木でビラを配りながらも、電話番号を聞き出そうとしたり、脈があればバイトはほっといて口説き始める。スポンサー探しは前に紹介した、あの大学講師と同じである。

一九九六年東京の大田区で若い女性と六九歳の女性のケンカがあった。その間に三二歳のナイジェリア男がいたのだが、当然、旧スポンサーが六九歳の女性、新スポンサーが若い銀行OLである。六九歳の女性にとっては必死だ、若い肉チンを失いたくないのだろうが、事情を知れば笑い話となってくる。

私のまわりにはこのように黒人を囲ったり、小遣いで彼らをセックスフレンドに仕立て上げている日本人女性の情報が以外と多い。もちろん何かの出来事があって発覚し、それから私の知るところとなるのだが、街で金回りのよい黒人を見かけたら、そんな奴らかも知れないのである。そのような黒いツバメを持てるのは、やはり金持ちの老女で、知り合ったきっかけは大家と店子の関係が大半を占めている。

キリ予算で入国する輩のパスポートは、キリらしい安物の偽造ビザスタンプが押されている。私にでも、一目でこの就労ビザは偽物、とわかる仕上げである。

ところが、ピンの奴らのは絶対にわからない。成田空港のプロが見てもわからない。クレジットカード、銀行キャッシュカードなどカード類も偽造する技術が奴らにはある。偽造一〇〇ドル紙幣も実に精巧であるらしい。ここがキリの、ウォンをせっせと五〇〇円硬貨に変造している奴らとはレベルの違うところである。

同じ黒人でも、ガーナ人には良い奴が多い。私の会員の中でも、紹介先での事件関与率は極端に低いのである。

あなたにはナイジェリアであろうがガーナであろうが区別はできないのが当然だが、一応私が収集したデータ上での結果として報告しておこう。

「資金なし、知識あり」で商売開始

林田が始めた「外国人なんでも相談室」という商売はすべてが外注であり、メインの外注先として「保証人提供屋」「便利屋」「運送屋」「弁護士」「司法書士」「行政書士」「引越屋」「印鑑屋」などが存在する。

資金や設備はいっさい不要。その替わりに、経営者の知識と幅広い経験がものを言う。

たとえば雇用問題、給与の所得税問題、不動産会社とのトラブル処理、保険……と、人間が生活する上でのあらゆることが相談として寄せられるのである。しかも外国人にとっては、「どこに、どのように」相談すればよいのかまったく知らないケースが多い。

東京では、アパートを借りる場合には敷金、礼金などの費用がいる。礼金という言葉自体、彼らにはまったく理解外の概念だ。電話を引くことさえ、一大事なのである。

電話、ガス工事、電気工事、水道工事、銀行口座開設から始まり、レンタルビデオ屋での借り方など、生活に関するすべてが彼ら外国人には悩みであり「相談事」となってくる。

そして、それらの相談事をかかえて林田のところにやって来るわけだ。

林田の一番すばらしいところは、そうした外国人の相談に親身になって対応できる能力を持っていることだろう。新しくこの商売を開始しても客が溢れるかどうかは、ひとえに経営者の人格にかかっているといえる商売である。


この商売は二〇〇〇年四月現在、まったくの「すきま」である。

なぜ「すきま」となっているのかは容易に想像がつく。第一番目には「外人相手はきらい」という心理、第二番目には「外国語、言葉の壁」、第三番目には「文化、宗教の相違への恐れ」といえるだろう。

ただ、これを障害と感じない人には絶対にお勧めできるビジネスである。「資金なし、知識あり」の人で商売を開始したい人は是非検討されるべき商売だ。

第三章　ビザ屋

合法と違法のニアミス商売

現在、日本では多くの外国人が働いている。外国人が日本に入国するには日本領事館が発給したビザが必要である。

ビザには、留学ビザや観光ビザなどいろいろな種類があるが、就労ビザの発給基準は厳しい。

もちろん、「日本の町工場や居酒屋などどこでもいいから働いて、お金を本国に送りたい」と言っても、どの種類のビザも取得することはできない。

だからこそ日本をいまだにパラダイスと考えている、日本と経済力の差が大きい諸外国の人々にとって、大金をはたいても手に入れたいのが日本のビザなのである。

居酒屋での調理や皿洗い、原宿ブティックの黒人達や工場の外国人労働者達。彼らはほとんど不法滞在者である。せっせと働き、自分の国で大きな家を建てた奴らも多い。

では、彼らはどの様な手段で日本にやってきたのだろう。

対馬沖で漁船に身を隠し入国しようとする中国人などはテレビ報道で有名だが、あの手口は不法入国であり、正に犯罪行為である。

それに対し、ビザ屋にやってくる外国人達は不法入国や不法滞在とは正反対の要請、つまりビザを正式に取得して友人を日本に入国させたり、自分の長期滞在ビザを取得したいという要望を持った人達だ。

ただ、ビザを正式に取得して日本に入国したのはいいが、帰国すべき予定の期日がきても日本に留まっている輩は、自然と不法滞在者、つまりオーバーステイとなっていく。この不法滞在者となるであろう人に対してもビザ申請を行うのが「ビザ屋」である。

すきま商売発想法その8
合法と違法の狭間に儲けがある

正規のビザをサポートするのは、司法書士、行政書士、弁護士達の業務範囲であり、これらは表のビザ商売といえる。

それに対し、「ビザ屋」と呼ばれる連中は誰にでも金をもらってビザ申請をする商売だ。もちろんビザ屋といえども正規ビザを申請するので、表の商売とやっていることは同じだ。

ところが、「ビザ屋」の客の中には、日本に入国した後、不法滞在をやってしまう輩が多いというところが表商売と裏商売の分かれ目なのだ。

外国人が日本入国のビザを申請するためには、日本における個人、または法人の身元引受人が必要である。もし、ビザが発給されて来日した外国人が不法滞在したとなると、当然、入国管理局の調査や責任追及が身元引受人に対しても行われる場合もある。

ビザ屋は、その追求をかわすため、必然的にオフィスを転々としなければやってられない場合が多い。また、ビザ申請に携わった身元引受人にも調査がおよぶため、まともな身元引受人は使えない。そこでいろいろ悪智恵を絞って身元引受人を考え出す。

これらの理由で裏商売としてのイメージや、裏ブローカー師的な臭いがプンプンしてくる商売、それがビザ商売である。

この商売は大きな資金は一切不要であり、しかもめちゃくちゃに儲かる。儲かるのは確実だが、合法と違法とが完全にニアミスしている。海面すれすれの超低空飛行を操る技術が必要なのだ。

しかし、そんな彼らの商売からは、「すきま商売」へのヒントが見え隠れしている。そこで本章では、一応そのテクニックを紹介することにした。

東京は目黒でこの「ビザ屋」をやった男、二神隆（五三歳）の話からこの商売の実態を紹介しよう。彼と私は一応業務提携していた。

彼らビザ屋にとって保証人提供屋と組むことが一番重要な商売の基本であり、彼は私の事務所と契約していた。そこで私も彼の商売を熟知することになるのだが、私から言えば彼の商売は儲かるが危険な面が多い。

このビザ屋は事務所を構えて、長期的にやるビジネスではない。短期間でパッと儲けて引く商売といえる。

ではそのビザ屋商売をご紹介しよう。

きっかけは不法滞在者との出合い

二神がビザ屋を開業したきっかけは一九九三年に東京で、とあるパキスタン人と知り合ったことだ。当時、二神は一応一流企業といわれる会社の部長だった。

これから彼の商売ビザ屋を小説的に紹介してみよう。

彼の管理していた下請け会社管理下で働いていた工事人、その男がジェフ、三〇歳であった。国籍はパキスタンだが、六年間アメリカのシカゴでタクシードライバーをしていたジェフと二神はなぜか気が合い、よく新橋の飲屋街に行くようになっていった。

シカゴといえば、私なんかはすぐにマフィアを扱った映画「アンタッチャブル」を想像してしまうが、ジェフの話はそれ以上におもしろかったそうだ。シートの背にリボルバーを準備し、足には小型拳銃、と二段構えの防衛が常に必要だったという。

「シカゴのピザが食いたい」これが彼の口癖だった。

ジェフは飲屋街でも、なぜか警官の姿をみると顔を曇らせていたという。

「お前は警察が嫌いみたいだな」

「………」

彼のこの沈黙の意味に、二神は一年も気づかなかった。

「そうか、お前は不法滞在だったのか……」と沈黙の意味を理解したのも、いつもの新橋の居酒屋でのことだった。

「日本はおかしいよ。私もワーキング（就労）ビザが欲しくて、申請しようとしたんだ」

二神が、不法滞在と聞いても変化のないのに安心してかジェフは語りだした。

「私は大学を出ていない。それでビザ申請すらできない。日本はおかしいよ」

「ボスはいいよ、日本人と結婚して会社の社長になっているし。ほんとにうらやましいよ」

ボスというのは彼の兄で、神田で電話交換機の配線工事の下請け会社をやっているパキスタン人である。

「外国人は色々大変だな」と二神はこの時少しだがビザに興味を持ち、「彼らの手助けをすることで商売にならないものか」と考えた。

しかし、その後ジェフは兄とケンカして帰国してしまい、彼もすっかりそのことは忘れてしまった。

一九九二年の秋、友人である野々村と飲んでいた二神は、彼からこんな提案を持ちかけられた。

「トンネル会社を作ってみないか……」

野々村はサラリーマンだが、彼の事業家としての才能には二神も敬服していた。

彼は八社の工事会社を指揮、管理する役職を利用して、少なくない金額を裏でバックさせていた。その金をトンネル会社に流して裏資金を作りながら、野々村は貿易会社を始めたいと考えていた。

その貿易とは電話交換機に使用している特殊部品で、直接アメリカから輸入すれば相当の利益が期待できるパーツだった。

通信情報機器には、日本製といえども多くの部品はアメリカやイギリスのブランドで縛られているものを使用しているのが実状である。日本○○の製品といっても、その重要部品はアメリカなどの会社に多額のブランド料を支払っているのだ。この部品を輸入し、実際の工事に使用させるのが、野々村の考える貿易会社の仕事である。

彼の提案は、その貿易会社が軌道に乗るまでの資金サポートのために、工事トンネル会社を作ろうということだった。

「俺が工事会社を作れば良いのだな。それで毎月幾らくらい廻せるんだ」

「そうだな、毎月二〜三〇〇万程度だろう、一〇〇万は確実に約束できる」

「俺がジェフみたいな奴を数人雇えば良いのか？」

「そうだ。工事の発注は心配しなくていい、俺の方で全部やる」

「一〇〇万は確実か」

「あの商売は儲かると思う。ただ、利益が出るまでには多分二年はかかるだろう。それまでは俺の方でバッチリサポートする」

こうして二神はトンネル会社の社長となり、脱サラに踏み切った。

すきま商売発想法その9

正規商売とすきま商売をミックスさせる

「PBX工事作業員募集！　時給一〇〇〇円」

貿易会社をスタートさせる前に、彼はトンネル会社の体裁を整えねばならなかった。

外国人向け雑誌に求人募集をかけたところ、来るわ来るわ、東京のどこにこれだけの外国人がいたのかと思うほど、大勢の外国人が面接にやってきたという。

面接で知ったのだが、PBXという意味もわからない奴も多かったそうだ。電話交換機という意味がわかろうがわかるまいが彼ら外国人は一向に気にしないのである。

「イエス、私、工事の経験がありまーす！」などと平気で自慢する。結局五〇名の面接者が来た時点で「面接終了」と張り紙を出し、嵐の襲来から逃れることができたという。

トルコ人学生とその友達を中心とした五名を採用したのだが、一人のトルコ人学生に決定した瞬間、「私の友達たくさんいます。その友達を呼んでくる」ということで、あっというまにトルコ人工事グループ五名体制が完成した。

「東京で外国人求人を雑誌に出すのは、トルネードを覚悟しなければいけない」というのが、彼の感想だ。

最初に雇った事務員などは、五〇名を超す外国人に対応して、あまりの恐怖のためか、「私、やめさせていただきます」とたった二日で消えていったそうだ。

すきま商売発想法その10
雇用は学生身分の外国人をねらえ

採用したトルコ人学生から、ビザに関して彼は多くの事柄を学んだ。

「そうか、学生は一日三時間しか働けないのか……」

「学生の身分で働くためには入国管理局の許可が必要なのか……」

また、面接に来た大半が不法滞在者であったと彼らは説明してくれた。

「社長さん、不法滞在者は雇ってはダメだよ」などと教えてもらったりもした。

こうして二神によるトンネル会社の工事体制は完了し、翌月には現場教育に入ることができた。

野々村の会社への工事会社登録、工事契約も完了し、野々村が貿易会社の設立に取りかかった頃、一人のスリランカ人がやってきた。

向こうからやってくるお客達

このアリという名のスリランカ人は、面接で落とした奴の一人だったらしいが、あれほどの嵐の面接だったので彼はまったく覚えていなかった。

「社長さん、私の友達で日本に来たい人が二人います。簡単な社長さんのサインだけでいいのですが、お礼に一人につき五〇万円、二人で一〇〇万円差し上げます……」という提案だった。

これが彼がビザ屋としてスタートした瞬間となった。一九九三年四月のことである。

アリは三枚の書類を準備していた。それらには、身元保証書、招聘理由書、招聘日程と日本語で書かれていた。

「ここに、社長の会社の印鑑を押してくれれば、前金として一人二〇万円、二人で四〇万円差し上げます。この二人が日本に来たとき、残りの六〇万円を差し上げます」という。

「ふーん、たったそれだけで一〇〇万円もくれるの？」

彼は内心、これはすごい利益だと感心した。

「友達は何しに日本に来るの？」

「私の友達、日本にいる親戚に会いに来る。会ったら鎌倉にいって観光したらスリランカに帰ります」

「そのまま、日本に居座るんじゃないの？」

「いいえ、二人はスリランカでホテルを経営しています。これがホテルの写真です。この人が経営者で……」

「本当にこの三枚の書類にサインするだけでいいの？」

「そう、ここに四〇万円あります。どうぞ」

アリは現金を彼の目の前に置いた。

「こいつ、気が狂っているのでは。たったこれだけで四〇万円、しかも日本に来たら六〇万円をくれるという……」

「レシート下さい」

「まだ、何もやっていないよ。四〇万円は書類を書いてから受け取るよ」

「いいえ、どうぞ。レシートください。書類は後でいいよ」

「後って?」

「明日、取りに来ます。レシート下さい。ここに書いてもらう名前と住所は今晩ファックスしておきます」

「ＯＫ!」

彼は急いで領収書を切り、その現金を手にした。

すきま商売発想法その11
外国人相手は全部キャッシュ、前金は半金

彼はその夜、脱サラしてから始めて遊んでみたくなったという。

「脱サラしてよかった! 居酒屋でなくてキャバレーで飲める。二人で五万円使っても三五万円もあいつの金が残っている。これは素晴らしい、トレビア～ン!」

それから彼はこのトレビア〜ンをよく飲み屋でも連発するようになったという。

私も一応彼からすれば優秀な代理店、または紹介者という関係だったので彼はあぶく銭が入る度にキャバレーに誘ってきた。そこで彼の「トレビア〜ン！」を何度も聞かされた。

サラリーマン時代、毎月自由にできる金はわずかで、居酒屋なんかで酒をちびちびやっていた二神にはキャバレーなんかにはとんと縁はなかったはずだ。私も脱サラ組だが、まったく同感である。私などは居酒屋にもあまり縁がなく、いわゆる晩酌でビールを飲むのが日常だった。ところが二神はこの商売を知ってから急激に金回りが良くなっていた。

彼はビザ屋という商売を偶然にスタートさせ、それから金の流れを掴んだのである。

さて、話をビザ屋にもどそう。

翌朝会社にアリからのファックスが届いていた。日本語で書かれた必要書類リストも送られており、住民票と納税証明の部分にアリは丁寧に〇印を付けていた。

二神がさっそく書類を用意すると、アリは再びやって来た。

「書類、できましたか？」

彼は準備した書類をアリに見せた。

「年収八五〇万円？　ここは一〇〇〇万円必要です」

「えっ、一〇〇〇万円必要？」

「社長なら当然年収一〇〇〇万円あると思っていました」

「とんでもない、こんな小さな会社だし……」

実際、彼の納税証明はサラリーマン時代の年収を証明していた。

「八五〇万円でもダメなのか？」

「……弱いです」

アリのいう弱いという意味は、身元引受者としての力や収入が不足しているという意味だ。

「わかった、別の奴にする」

彼は急いで野々村を手配した。彼の年収が一〇〇〇万円を超えていたことは頭に入っていたのだ。

始めてのビザ仕事で彼は理解した。

「これは大変な仕事だ。年収一〇〇〇万円以上の知り合いをもっと掴まなくては……」

やがて、無事スリランカの日本大使館からビザの発給があったらしく、アリの友達が来日するという。

「明日の何時に到着するんだ？」

「朝、一〇時。社長さんも成田に行ってください。野々村さんには電話が入る場合がありますので、ここで待機してもらっていてください」

「どこからの電話だって？」

「入らないかもしれません。成田の空港オフィスから確認が入るかもしれません」

「どうして俺が成田に行かなくちゃならないんだ？」

「書類に書いた携帯電話を持って空港で待っていて下さい」

「それで電話があったらどうすればいい？」

「野々村さんの指示で空港まで迎えに来た部下ということにして下さい」

「……なるほど」

翌日、二人のスリランカ人はあっさり空港に現れた。

「なんだ、簡単じゃない。電話も無かったし、野々村の方にも無かったそうだ」

アリはただニコニコしていたが、二人と話し合っているうちに「社長、ちょっと……」と彼をトイレに誘った。

「二人に今、両替させました。ここに六〇万円あります」と約束の残金を手渡した。

「私はライナーで帰ります」

帰りは二神一人のドライブとなった。

「野々村にこの金から三〇万円を渡してやろう。残りで今夜はあのクラブに行こう。それにしても一〇〇万円を儲けるのは簡単だった……」と彼は微笑んだ。帰りの高速を一二〇キロで飛ばしながらウキウキと東京に帰ったという。

これがビザ屋である。

つまり、日本に入国するためのビザ発給に必要な身元引受人、または法人を準備して正規ビザを獲得させる補佐の商売である。

ビザ屋は納税証明が八〇〇万円以上の良質な身元引受人の確保や良好な法人を使用さえできれば、膨大な利益が得られる「すきま商売」といえる。身元引受人は個人でなくとも法人でもよいところが魅力といえる。

この市場は無限にある。二神の場合にはその市場は相手からやってくる。

話を続けよう。

身元引受人がいれば市場は無限

この成功はスリランカに瞬く間に広がったらしい。

アリは二週間後には、なんと一〇名のリストを持ってきたという。もちろん手付け金と一緒にである。

今回の手付金は一〇人で一〇〇万円。前回は一人二〇万円だったが、今回は一人一〇万円だという。いずれにしても、目の前の一〇〇万円という現金は魅力的である。

しかし、「冗談じゃない、そんな身元引受人は俺は準備できないぜ、これは無茶な数だ」と、二神はその数に驚いた。

「社長のお陰で、スリランカでお客がたくさんできました。社長、会社で身元引受が五名できます。社長の会社でやって下さい」

「えっ、会社でいいの？ 簡単だ。で、必要書類は？」

アリは日本語で書かれた必要書類リストを用意していた。

「……決算書？ そうか決算書が必要なんだ」

彼はこれにはまいった。

会社は設立して一年も経過していない。当然決算書なんぞあるわけがない。それに加え、リストには会社の銀行残高証明も必要だと記載されていた。

「インポッシブルだ、アリ」

二神はこう返事するしかなかった。

「私、友達。あなたの友達」

アリはこちらをすっかり信頼しているようで、帰ろうとしない。

「わかった、ちょっと考えさせてくれ。今日は手付けはちょっと待ってくれ」

「わかった。一週間したら、また来るネ。そうそう社長、お客まだ一杯スリランカで待っている。五〇人なんてすぐに集められる。社長、儲かるよ」

「ところで、アリは一人につき、どれくらい儲けるんだ?」

「全然儲けなし。だから今度は一人三〇万円で、社長やってよ。お客から、一人につき五〇万円以上はもらえない」

「えっ、では前回は俺が二人で一〇〇万円もらったから、アリの儲けは無しだったの?」

「ハイ……。でもスリランカで信用されたから、もう大丈夫。お客一杯。だから今度は一人三〇万円でお願いします」

「そうか、悪かった、一人三〇万円でいいよ。でもアリ、いい商売だネ。一人につき二〇万円もアリが儲けるんだから」

「違う、違う。電話代やスリランカにお金がいる」

「スリランカでお金?」

二神は詳しく聞いてビックリした。

日本へのビザ発給は、当然スリランカの日本大使館の権限だが、その大使館に勤める現地スタッフへの賄賂が必要なのだという。

アフリカ諸国や共産諸国、韓国などでは賄賂は当然必要とは聞いていた。しかしスリランカでも同じだったとは。

アリが言うには、大使館に勤めている現地スタッフの自宅へは、多くの人が訪れるらしい。もちろん賄賂を持参しての訪問である。

「大使館の現地スタッフって、悪い奴だネ。儲かって仕方ないんじゃないの?」

「そう、ものすごいよ」

「フーン」

二神は感心した。どこの国にも悪い奴はいる。

ともあれ、ビザ商売の片鱗を彼は体験できた。想像以上に儲かる商売ということもわかってきた。

そこで、彼はビザ商売というものを勉強することにし、ビジネスとしての可能性を探ることになったという。

東京で最大のビザ屋へ

二神がビザ屋やビザに関する勉強をするにはいい環境だった。教師は周りにゴロゴロいた。そう、工事人としてアルバイトしていたトルコ人学生達である。彼らが真剣かつ熱心に教えてくれたおかげで、彼もビザ商売の輪郭を掴むことができた。

基本的に日本へ入国するビザは、観光、学生、ビジネス目的ということであった。通訳や技術者として日本に来日する人は、彼ら「ビザ屋」の客ではない。当然、来日するのが困難な国や立場の人たちが顧客となる。

ビザ屋の客になる連中の来日目的はただ一つ、「出稼ぎ」である。

「出稼ぎ」は、その国と日本との経済格差の大きい国ほど効率がよくなる。当然来日希望者も比例する。

経済格差……、日本の一万円が、その国では三万円以上の価値となれば格差は三倍、出稼ぎ効果も大きくなるのは当然であろう。

二〇〇〇年現在、経済格差の大きい国としては、アフリカ諸国、ネパール、中国、ミャンマー、スリランカ、イラン、パキスタン、バングラディシュなどが代表として挙げられる。

経済格差とは別に、コロンビアの金髪美女軍団、イスラエルの銀アクセサリー軍団が日本を市場として訪れる。また、日本はドラッグ商売のマーケットでもある。

ドラッグ市場として、日本が彼らの思惑に落ちつつあるのは、あなたも実感しているだろう。

東京の大久保あたりに出没するイラン人、コロンビア人や中国人などはあまりに有名であるが、これらの手先として多くのアフリカ人が裏で関与している。

いかなる目的であろうと、彼らビザ屋の客になるのが「出稼ぎ」の奴らであることは間違いない。

「中国、イランはやばい……」

トルコ人学生のアドバイスにしたがって、二神は英語圏の顧客に限定して、ビザ商売をしようと決心することになった。

広告媒体の雑誌もトルコ人学生の手配で決まり、一九九三年夏に広告を開始した。

「あなた、VISAで悩んでいない？　もしその保証人などで困っているのだったら、ここにご一報を！」といった感じの写真入りの広告を雑誌でスタートさせたのだ。

この雑誌はいわゆるタウン誌だが、外国人が集まる場所や店で無料配布されているもので、外国人には人気が高かった。

「英語を無料で教えちゃうよ。その替わり僕の友達になって」

「部屋で一緒に住まないかい？　費用は折半、すごくリーズナブルだろう」

「友達になってよ。俺のあそこはピカ一だぜ」

こんなメッセージで溢れている雑誌である。

そんな外国人に人気の高い雑誌に広告が出たとたん、電話ラッシュが始まった。二神はある程度これを予測していたので、バイリンガル事務員を雇って準備は整えていた。

「ヘロー！　ジスイズ、メグロ〇〇、メイアイヘルプユー？」

さすがバイリンガル事務員で、流暢に受け答えしていたのだが、やがて意味が理解できない内容が多くなり「社長、替わって下さい」ということが頻繁に。いつしか彼も英会話を勉強することになった。

すきま商売発想法その12
泥縄の勉強で乗り切れ

これは外国人を相手とした商売では、当然の結果である。

言葉はしゃべれても、仕事の内容や意味が理解できないのが事務員だし、経営者もいつまでも通訳経由ではいられないという次第。ましてビザに関する質問は事務員では対応できない。

「面倒だ、すべてオフィスに来社してもらって話を聞くことにしよう」

二神は事務員に、電話での応対は最小限とし、来社してもらってから話を聞くという方針に変更するように指示を出した。こうすれば、事務員達の負担は少なくなり、対応しやすくなる。

こうして彼は東京で最大のビザ屋になっていく。

小説的ビザ屋はここでジ・エンド。

このビザ屋は実に儲かるらしい。

実際、私が試算しても、あとで紹介する「保証人提供屋」と比較し、同じ保証引受者を使っていながら収入の単位が違う。ただ、不成功、つまりビザが発給されない場合もあるので、そのリスクは確かにある。それでも書類を揃えた段階で半金を貰っているので、損というものはない。

また、一度の依頼数が格段に違う。よい法人書類が準備できれば、一度に五名も招聘できるのだ。

五名といえば、最低でも一五〇万円の収入となる。一連の書類作成に費やす労力も費用もたいして変わらないのに、「保証人提供屋」と違い、収入が桁外れに大きいのが「ビザ屋」なのだ。

もちろんイランや中国といった国を相手にすれば、一人あたり最低で五〇万円、つまり一法人で一回に五名を招聘すれば、二五〇万円は軽く稼げるのも「ビザ屋」である。

しかし、これは非常に危険だ。どう考えたって中国人、イラン人の場合には滞在期日を超えても帰国しそうにない。

二神の場合もこの二カ国は扱っていない。

ところが過去にはそういうビザ屋もいたのである。

彼は新井といい、まあ親の土地をバブル絶頂期に売り払った成金の一人だったのだが、それでももっとお金を稼ごうとした。

新井の場合は短期決戦で、危険なことは百も承知でイラン人、中国人相手の商売もやった。彼は印刷会社のオーナーでもあり、その株式会社を利用して短期に稼いだのだ。

一カ国五名ずつ、中国、韓国、フィリピン、ミャンマー、スリランカ、パキスタンと立て続けに招聘を行い全部入国させた。一人あたり五〇万円という金額だったので、客は殺到した。

そして、三カ月後にはそのビザ屋を引き払った。これは入国した外国人の滞留期限をにらんだ対処で、あくまで短期の一稼ぎだった。一五〇〇万円を手にしてビザ屋はキッパリと止めたのだ。

まったく、このような短期決戦もあるという良い見本だが、印刷会社の方といえば入国管理局より厳重に注意され、始末書を提出したという。

すきま商売発想法その13
超短期な商売もある

犯罪がらみのエピソード

二神の場合一九九三年から一九九六年の四年間で登録しにやってきた外国人は一〇〇〇名を超え、売り上げは四年間で約一億七〇〇〇万円程度だったそうだが、個人レベルの脱サラとしてはよい結果だと思う。

彼の会社で雇った人間や、一〇〇〇名の外人とのエピソードは、四年間でいろいろあったらしいが彼が公表を許可してくれたエピソードを少しご紹介しよう。

まずは、彼が雇った日本人のエピソードを再び小説的に始めよう。

●エピソード1　オウム編

「ネパールが好きな人、募集します」

一九九五年、彼はこんな求人広告を出し、ネパールのビザ工作員を募集した。ネパールにある日本大使館に来日希望者と一緒に挨拶に行ってくれる人の募集である。

ネパール人の来日希望者には男性が多く、二神としては若い女性が適任と思っていた。

「私のペンフレンドが日本に行きたいというのでお願いに来ました」と日本大使館に挨拶に行っ

てもらう必要がどうしてもあった。

ネパールはヒマラヤの裾の、美しい空気と水が魅力の山岳登山口、というイメージがある。ところが、調査によると首都のカトマンズでもホコリがひどく、下痢もしやすいということで、彼の会社の事務員は敬遠するし、身元引受人に説明しても辞退されてしまい、しかたなく一般に公募したらしい。

応募者は、当然ネパールの旅行経験者が多かったというが、もちろん彼の希望通りの若い女性ばかりではない。

「俺、希望します。ぜひ行かせて下さい」
B、年齢三六歳、中肉中背の愛想のいい男がやってきた。
「俺、ネパールは夢なんです！　ぜひ頑張ってきますから」という説得に負けて、二神は彼と女性二名の合計三名をネパールに送り出すことにした。

ところが帰国予定日が過ぎても彼だけは会社に来ない。

「彼と一緒に帰国しなかったの？」と、帰ってきた女性に彼が聞くと、

「ええ、全然別でした。ホテルも彼は私たちとは別にとっていました」という。

そして、一九九五年の夏、突然二人の公安刑事が彼の事務所にやってきた。

刑事「この男を知っていますか」

二神「ええ、知っています。Bですけど……」

刑事の説明によると、Bはオウム信者の逃走を助ける手配をやっていた在家信者だという。Bのおかげで、彼までオウム信者の疑いを持たれてしまったのだ。

その後、〇〇通信社の記者から聞いたそうだが、Bは美人上司Iの直接指揮下にいた男だったという。一九九五年三月、例の地下鉄サリン事件が勃発し、逃走ルート確保にBは動いたらしい。

運悪く二神はB自身の逃走に手を貸してしまったということになる。ネパール人達の噂では、その後Bはネパール女性と結婚したらしい。

それにしても朝のワイドショー取材は凄まじかったそうだ。

彼らは突然にやってくる。カメラマン、レポーター、音声、ディレクターの四人が一セットとなっているテレビ局が数社、同時に二神の事務所に取材に来た。

小さな事務所に十数人の来襲は嵐である。

「俺は被害者だ」とディレクターを集めて説明せざるを得なかった。

彼の説明で、ほとんどのテレビ局は帰っていったのだが、一社だけは路上に取材車を隠し、二神の外出を待っていた。

取材「カメラの前で説明して欲しい」

二神「イヤだ」
取材「おたくの会社名が入った入り口もすでに撮影しています。応じてくれなかったら、それをそのまま放映しますが、いいですか?」
二神「ダメだね、絶対にダメ」

ということで突っぱね、逃げ切った二神。もちろんアポなど一切なく、突然やってきた彼らの行動には、本当にまいったそうだが、当時の風潮はオウムに関係すればなんでも取材するという流れだったようだ。

Bのおかげで、とんだ災難にあった二神の話は今では笑い話だが、当時は相当ショッキングな出来事であったようだ。

余談だが、ネパール人と日本人とは何語で会話するのか、ご存じだろうか。

答えは「英語」なのだが、ネパール人の英語は一〇の言葉を聞いて一を理解できる程度の、きついアクセントや訛りである場合が多い。

VISA(ビザ)がピッザとなっていたりで、私にもなんで今ピザが食いたいのか理解できなかったことがあった。「ピッザ、ピッザ、アイ　ニードン」といった調子である。

楽しみたい方はネパールの人を見つけて、会話してみよう。

次に紹介するエピソードは、二神の会社に登録した一〇〇〇名のお客からの実話である。国名なども事実を紹介しているのだが、あくまで限定した会員の中での話であり、一般的な話ではない。そこのところを理解していただき、その国や関係者からの抗議は一切ご遠慮願いたい。

●エピソード2　ドラッグ編

日本政府の広報で呼びかけられている「ドラッグ止めますか、人間止めますか」。

いわゆる覚醒剤防止キャンペーンだが、このドラッグに関わっている外国人達がたくさんいる。

中国人、イラン人、コロンビア人などは有名だが、その枝葉には不法滞在の外国人も多く携わっている。このドラッグの密輸に関わっている枝葉にはアフリカ人も多い。

彼の会社に登録した会員の中で、一番多く関係していたのはパキスタン人で、その数は三〇名を超えている。

パキスタン人がドラッグ密輸？

そう、違法行為はドラッグだけではない。特にクレジットカードの偽造などは朝飯前だ。

二神の会社にやってきた外国人、その第一号がパキスタン人のドラッグ密輸者だった。

「こんにちは。私の友達の滞在許可が欲しい。保証人必要です。いくらですか？」

一九九四年、広告を見てやってきたのがその男で、アンソニーというニックネームの二九歳。聞けば東京の六本木で皿洗いをやっているという。

広告に「ＶＩＳＡギャランター」と英語で載せていたせいで、彼は招聘の保証人が必要だと言う。実際、招聘で必要なのは身元引受人なのだが保証人と勘違いする外国人も多い。

五〇万円だと説明すると、彼はそんな金はないという。

それでは契約は成立しないので、「そうか、たいへんだな。頑張って」と言って追い返したわけだが、その後警察に逮捕されてドラッグ野郎とわかったのである。

彼は埼玉県坂戸の安アパートをドラッグの送付先にしていた。送付国はコロンビアだったという。

パキスタンとコロンビア？

まったくつながりのない国と思うだろうが、日本にいる外国人達には裏でつながるルートは無数にある。アンソニーの場合はこうだ。

不良外人も含め、多くの外国人が集まる街、六本木。一九九八年まではショットバーや外人ストリップショーなどのチラシを配る外人達が多くたむろしていた。

チラシをフライヤーというが、彼らのこともフライヤーという。

「フライヤー（飛ぶ物）？」

そう明るい街頭の廻りをブンブン飛ぶ虫どもだ。

当時、そいつらのほとんどが不法滞在者だった。このオーバーステイの外人達はチラシを配りながら、日本人女性を物色する。目的は結婚である。

日本人女性と結婚すれば結婚ビザも夢ではない。これが最大の目的なのだ。

このフライヤー達から、天国とか虹とかの名前が付いた外人ストリップパブのチラシを受け取った読者もいるかもしれない。

そういった店で働くストリッパー達は金髪の美人、当然コロンビア女性も多い。

経営者はコロンビアとのビザ発給に絡む奴らだ。フライヤーとして雇っている貧乏外人を操るのは簡単という経営者の考え方がパキスタン人、アンソニーとコロンビアのドラッグを結んでいるのである。

一番厄介な関係はイラン人と日本人女性とが絡んだドラッグ密売だが、イラン男性と中国人女性という関係も多い。

一見日本人に見える中国人女性はイラン人密売人に狙われやすいのだろうか、一九九七年には千葉で集中して摘発された。

摘発されたのは、日本語学校に通う学生という名目で訪問している中国人で、裏にイラン人ドラッグ密売人が控えているとはまったく気づかせない、上品な女性達だったそうだ。

実際、中国人女性達はまじめに日本語学校に通っているのだが、夜になると別の顔を持つ。スナック、バー、キャバクラ嬢に変身！　というわけだ。

●エピソード3　偽造パスポート編

二神のようなビザ屋商売で困るのが入国させた外国人が犯罪に関与したときである。このために、中国とイランは彼でも避けている国となっている。

しかし、それを見破れなかった事例もある。イラン人がスイス人パスポートで入国していた例だ。

これには、さすがの二神もまいったらしい。

「スイス料理のレストランを開きたいのです」という要請で、彼はこの外国人に店舗やマンションなども紹介した。

パスポートは正真正銘、スイス国が発行している。

しかし、彼の本当の姿は、東京は麻布を拠点に六本木、赤坂で暗躍するイラン人ドラッグ密売人数名を操るボスだった（この保証人を私の会社が提供していた）。

外国人とパスポートの関係は不可解である。国籍がわからなかった例はまだある。

イギリスパスポートを持って、黒人女性が経営ビザの相談にきたのだが、英語にかなりの訛り、そうアフリカ訛りがあった。

しかしパスポートは確かに英国発行のもの、彼女はむろん英国人ということになる。このパスポートを使用して、成田の入国管理局を通過したのだ。

ところが彼女もドラッグで逮捕され、警察で彼女のパスポートを英国に照会した。そこで初めて、このパスポートがまったく別人のものであることが、判明したのだ。このような偽造パスポートを使って、しかもまったく別の国籍で日本に入国してくる例は実に多い。この女性もナイジェリア人であったという。

ナイジェリア人が使う別国籍の偽造パスポートは、英国以外ではカメルーンパスポートも多かった。

別国籍で入国する連中の背後には、当然パスポートの偽造組織があり、彼らの来日目的は日本のドラッグ市場だ。この別国籍パスポートは高価らしいが、もっと安くパスポートを偽造する場合は、同じ国籍で名前や生年月日を変えてやってくる。

この方法は多くの国で可能らしい。私が直接聞いたところでは、アフリカではナイジェリア、カメルーン、マリ国、その他ではスリランカやネパール、ミャンマー、中近東諸国、アメリカであったが、どの国でも別人の新しいパスポートは簡単に手に入るようだ。

別人になりきったパスポートで日本に入国してくる奴らの目的はドラッグや犯罪に当然関わ

りが深い。

その犯罪が発覚し日本の警察に逮捕されても、彼らは全然平気である。強制送還されても、また別人のパスポートや別国籍で入国してくるのが簡単と考えているからだ。

我々日本人には考えられない手口が常識のようにまかり通っている外国人達。こんな奴らは彼のような「ビザ屋」の客にはならない。背後組織で処理できる問題であり、日本人に金で依頼するようなことでもないと考えているからだ。

背後組織もなく、正規のビザを取って母国の友人や来日希望者を入国させよう、と考えている比較的まじめな外国人が二神達「ビザ屋」のお客となってくる。

「ビザ屋」とは、正規に申請し、許可をもらえるように手配するビジネスであり、密航者を手配する「闇の組織」とはまったく違う。このことはよく理解してもらいたい。

外国人を必要とする日本人

日本、特に東京や大阪には外国人が多い。

中近東やインド付近と思われる人達が居酒屋で調理していたり、東洋人がコーヒーを運んでくる。原宿や下北沢のブティクの黒人オーナーや従業員、路上でアクセサリーを売っているイスラエル人、板金工場の労働者たち……。

彼らの目的は、経済格差を利用した出稼ぎがほとんどである。

こうした出稼ぎ目的の外国人が何とか来日したがっている一方で、外国人を必要とする日本人ももちろん存在する。

その一つは、下町にひしめく小さな工場の経営者達である。

この大不況の現在でも、小さな町工場では人が集まらない。町工場といっても熟練した技術が必要な工場も多く、そんなところほど人手不足に悩んでいるのが実状である。

当然外国人を雇用しようとするのだが、町工場の作業員としての申請では就労可能なビザは許可されないし、申請すらその要件を満たさない。

結局、町工場などで働く外国人は、ほとんどがオーバーステイの奴と思って間違いないのである。

さすがに大きな工場は技術研修という方法で研修ビザを取っているが、小さな町工場ではそうはできないし、正式なビザ、たとえば結婚ビザを持っている外国人は町工場では働きたがらない。町工場が外国人を正式に雇う方法としては、残された手段が通訳としてビザを申請する方法である。

しかし、その場合には申請する外国人が大学を卒業していなくてはならず、その修業証書の原本が必要になってくる。さらに、なぜ通訳が必要なのかを証明できなければならない。

これは忙しい町工場の経営者にとっては頭痛の種となり、二神達「ビザ屋」がその申請の代行を引き受けるのである。

仮に、ビザ屋の協力で正式な就労ビザを取得できたとしても、ビザ許可期間が一年ということになり、熟練技術者に育たないうちにビザの有効期限は切れてしまう。

また、申請しても何カ月もの審査を待つこととなり、観光ビザで入国した人材を見つけたとしても、申請期間中にビザは切れてしまう。

つまり、通訳としての申請を含め、どのような方法を取っても、町工場が外国人を正式に雇用しつづけるのは不可能であり、これが、オーバーステイの外国人が働き続ける原因となっている。

ところが、オーバーステイの外国人を雇用した雇用者には、重い罰則と罰金が課せられてしまう。

この理由で、目立つ黒人は敬遠され、日本人の中にいても目立たない東洋人が好まれている。日本人が嫌がる仕事は東洋人で、というのが本音であろう。

ちなみに、オーバーステイの労働者、住所不定者に課せられる所得税は二〇パーセントである。外国人登録をしている労働者には日本人と同じ所得税の税率が適用されているが、オーバーステイの外国人達は、市役所や区役所に行って外国人登録はできないので当然、二〇パーセントの所得税源泉となってくる。

この高率所得税は外国人にとって不満だが、しかたなく働いているのが現状である。

専門学校が最大のお客様

外国人を雇用したがっている日本の会社やお店としても、もちろん不法滞在の奴らは雇いたくない。

そこで、日本語専門学校に通っている東洋人が低賃金で働いてくれる貴重な労働力となってくる。学生ビザで入国した外国人は、許可を取れば一週間に二五時間以内のアルバイトが認められている。この拡大解釈で、一日中外国人を働かせている経営者も多いが、まじめな学生は夜間のアルバイトを選ぶことになる。

キャバクラで可愛い娘を口説いてみたら中国人、ベトナム人……だったという経験をあなたもお持ちであろう。

このように、学生ビザなら合法的にアルバイトができるので、専門学校に通う目的のビザ申請が増えてくる。しっかりしたビザ申請と、受け入れ体制を持つ日本語学校も多いが、すべての学校が入学希望者で溢れているわけではなく、中には外国人に人気のない学校も生まれてくるのは致し方ない。

そのような学校経営者はなんとか学生を集めようと、彼ら「ビザ屋」に駆け込んでいく。彼らも、町工場の経営者と並んで、外国人を必要としている人達だ。

ここに二神達にとって最大のお客様が誕生するのである。

スリランカのアリが二神の会社の第一号のお客であったことはご紹介した。

スリランカで信用されたアリのもとには、来日希望者が殺到したわけだが、このような依頼を一手に処理できるのが、専門学校との提携である。

学校では学生枠というものがあり、年間で五〇名規模から一〇〇〇名規模の専門学校などまちまちだが、募集定員はしっかりと定められている。

この枠内で、こちらもお客を紹介でき、アリのような仲介者から受け取る金額と学校に納める金額の差が利益となる。

ビザ申請に必要な事務処理はすべて学校がやってくれるし、書類やパンフレットも完璧に用意されているので、紹介だけで彼らビザ屋達の利益となってくる。

ビザ屋というのは、紹介不動産屋や各種取り次ぎ代理店と同じような取り次ぎ商売なのである。二神は、学生ビザへの取り次ぎには一人五万円を得ていた。学校に支払うのは入学金、学費などで年間約七〇万円だったが、もちろん専門学校からのバックマージンも約束させていたのは当然である。

このような学校は各種あり、日本語専門学校、生け花学校、カラテ学校などの日本文化を外国人に教える、いわゆるカルチャースクール全部がその対象となる。

「ビザ屋」にとって一番多いお客が、こうした各種専門学校、カルチャースクールの経営者との提携で生まれる紹介利益をもたらす学生達である。

この仕事は不法滞在者を生み出さないのが一番よい点で、二番目に多い観光招聘とはまったく異なっている。

「ビザ屋」ビジネスの半分をしめるのが、「観光を理由とした招聘」「仕事の打ち合わせを理由とした招聘」だが、スリランカのアリでご紹介したように要請は実に多いという。

専門学校の場合、入学金や学費が必要だが、この場合には身元引受人に支払う手数料だけでよく、依頼者が支払う費用も五〇～三〇万円と学校に較べて負担が少ない。

しかし、学生ビザの申請とは違い、ビザ発給許可を取り付けるには、よい身元引受人を提供しなければならない。

個人なら年収一〇〇〇万円以上の引受人が理想だし、会社での招聘でなら決算書を提出しなければいけないなど、そのハードルは高い。

そこで学校への体験入学という短期招聘方法を考え出したビザ屋がいた。そのビザ屋は、東京は池袋で経営していた山崎という名の頭のよい男だ。

体験入学であり、学校へ支払う費用は体験入学費用として一〇万円、それに一週間の寮費の五万円だけであるが、山崎はその報酬として一人四〇万円を受け取っていた。

つまり一人につき二五万円の純利益を生み出す手法であった。山崎は一度の招聘に五名程度を学校から申請させ、一カ月間に六カ国、約九〇名を成田空港から入国させたのである。

このように日本語学校との提携はビザ屋商売にはうまみのある方法といえる。

日本語学校、カラテ道場などとの提携により、学生ビザではなく短期体験入国という方法を考え出した山崎だが、提携先の学校がやがて倒産し、現在はこの手法は使用していないという。

このビザ屋を開始するにも資格なんてものはいらない。

近くの入国管理事務所に行けば、申請に必要な書類はタダで手に入る。店舗も広告費も比較的安く開業できるのが魅力だ。特に広告の掲載料金は、外国人向けの雑誌、タウン誌、新聞など、日本人向けに比べれば格段に安い。

ただ、ほとんどのビザ屋は短期決戦で利益をあげ、また闇世界にもどっている。なぜかといえば、広告を見てやってくる外国人は、そのほとんどが日本での就労が目的であり、不法滞在となる危険性を持っているからだ。一人あたり三〇万円、五〇万円という費用を支払ってまで来日するとなれば、それは当然の成り行きといえる。

しかし、二神の場合は、シッカリと四年間も営業してきた。

観光や会社見学、会社打ち合わせなどで短期入国した外国人に、経営ビザを申請させたという手法も、事務所を継続させたコツだろう。

純然たる招聘希望者もいる。この悪意のないお客を選別、獲得すれば長期の営業は可能なのである。しかし、それはやはり難しいといえる。

身元引き受けをし、入国させた外国人のほとんどが不法滞在となる危険性があり、ましてやその外国人が事件でも引き起こせば、店を閉めるしか方法はないだろう。

オウム事件以来、警察は「幇助」という名目でオウム関係者を逮捕していった。この「幇助罪」を適用される可能性もあり、このビザ屋はきわどい商売といえる。

ここまで来るとあまりにも悲観的になってしまい「すきま商売」の発想法をさぐるという本書の主旨とは離れてくるので、このへんにしておこう。

第四章　保証人提供屋

生き残った二つの「保証人提供屋」

この商売についての概要は『ザ・保証人提供屋』という本で紹介したので、ここでは大まかな追加内容と運営のノウハウなどを紹介しようと思う。多少の重複はあると思うが、その点はお許し願いたい。

「保証人提供屋」というのは、その名の通り「保証人」または「連帯保証人」をお金で紹介するビジネスである。

日本では、アパートへの入居や就職の際などに、保証人を求められる場合が非常に多い。その場合、必要とされる条件の保証人を探すのは大変だし、いたとしても親戚や知人に保証人を頼むのは気が重いものだ。

そこに目を付けた「保証人提供屋」というビジネスは、最近では二流紙、三流紙に広告がひしめいており、まさに繁栄を極めようとしている商売である。

現在の保証人提供屋は、以前に比べるとずいぶん明るいイメージの商売に変化しつつある。というのも東京や大阪などの都会を中心に一〇数社が新規参入しており、駅前でオフィスを構える会社が多くなっているのが原因だろう。

また二〇〇〇年二月にフジテレビのニュースジャパンという番組で「保証人提供屋」というビジネスが将来性のある新商売だろうと紹介されたり、京都のモデル店舗の内部まで放映されたことによりイメージは大きく変わろうとしている。京都のモデル店はまるでエステティックサロンのような明るいインテリアとなっている。

この番組で紹介されたお客達はホステス、身寄りのない老人、女学生の三名だったが、高齢化社会の歪みを強調した内容の放映となり、オウム事件に「保証人提供屋」の多くが関与して、そのほとんどが姿を消していったという事実も放映され、一般的な概要は総て含まれた編集で中身の濃い内容であった。

事実、一九九五年当時、保証人提供屋は、オウム信者の住居のための保証人を提供してしまい、そのほとんどが警察の追求によりつぶれ去ったのだ。

ところが、二社はしぶとく生き残り、現在も営業中である。

しぶとく生き残っている一人が、日本保証互助会会長である私、つまりこの本の筆者、佐藤一徹である。

そして、もう一人は街角で不法看板を堂々と掲げている〇〇保証協会だが、この代表者間中浩一（五七歳）の広告方法は特異である。

金属製の看板や、最近では一片が二メートル以上もある大看板を街角のいたる所に立てて広告する方法をとっている。あまりにも大きな看板なので、それが不法とは誰も気づかないところがミソなのだ。

しかし、これは不法広告であり不法設置のため苦情も当然多い。ところが間中の場合、苦情から逃れる方法もちゃんと考えてある。

その大きな看板設置には、大阪では日雇い労務者をその日その日に雇って設置させている。東京では不法滞在の外国人を使い設置させるのだが、捕まってもその外国人達は事務所の場所も依頼主も知らない。もちろん立派な広告のため、不法での設置とはまったく知らないで堂々と工事をする。

さらに彼の苦情回避は、フリーダイヤルの活用によって完璧となる。

彼の事務所は、東京では八重洲口から徒歩五分の場所にある。事務所といっても狭いオフィスに二〇社の会社がひしめくいわゆる一坪オフィスで、ここには二〇社の対応のため一人の事務員が在駐している。

間中の会社の社員はここには常駐しない。もちろんフリーダイヤルを受ける場所は別にある。

すきま商売発想法その14
フリーダイヤルを活用する

その場所はなんと京都なのだ。

大阪でも東京でも名古屋でも、各地に不法な看板を設置して客を集めているのだが、その電話を受ける場所は京都のマンションの一室。そこで自分の女を使い応対させているのである。ここを司令塔に各地に雇った日本人に指示を出し、商売をおこなっている。

この大看板作戦は非常に効果的で、大成功といえるかもしれない。なにしろ間中は現在数億という資産家となっているのだ。

一方、私は自分のノウハウを伝え、このビジネスを正規の商売として発展させたいとねがっている。また、ニュースジャパンの中でも説明したのだが、この市場は大きい。

そこで代理店の育成に力を入れ、出張の毎日を送っている。

このため私自身は店舗も持っていないので本拠地の東京でも西荻窪にある代理店を指導している形態をとっている。

全国に代理店を広め、間中のような水面下の商売というイメージから生保や損保のような堂々とした表のビジネスに確立したいというのが本心である。

一九九八年までは私も店舗を持ちお客の対応にあたっていたが、代理店教育に入っていったのは浜松の知り合いからの一本の電話からであった。

彼も保証人提供ビジネスを開始したいということで教育が始まったのだが、出張して指導している内に本を書いたらと奨められた。

当時、顧客数は四〇〇〇名を超えエピソードは山のようにあった。ふつうでは本一冊の内容となると作者は苦しむらしいのだが、私の場合良いか悪いか、自慢出来ない山のようなエピソードがあり、それらの紹介を中心に二〇日で書き上げた。

その原稿は彼が紹介してくれたある出版社に持ち込むことになり『ザ・保証人提供屋』という本となった。

その本は一九九九年七月に発売となり、その後は全国から相談が寄せられるようになり、代理店の指導が現在のメインとなっている。

という理由でこれから保証人提供ビジネスのノウハウに入って行くが、その情報は私個人の体験や代理店指導により得られた最新の情報も取り混ぜてご紹介させていただく。

私達の広告方法は夕刊紙と外国人用として無料配布されている情報誌を使い、不法看板による広告方法はとっていない。

さらに無店舗方式の間中とは対照的に、私達は駅前のオフィスで事務員を雇用した普通の店舗方式で営業している。間中がお客と外部で会う方法、つまり喫茶店などを活用し無店舗による接客方法を取っているのに対し、私達は店舗での接客方法をとっているわけだ。

現在、新規にできた「保証人提供屋」のほとんどが私の店舗方式を採用している。

すきま商売発想法その15
無店舗で成功する方法もある

常識はずれの低リスク商売

この「保証人提供屋」は小資本、最低設備で開業出来るし、収益率も高い。そして、リスクも非常に低いのである。

「毎月一万円をあなたに預けるから、私が死んだら三〇〇〇万円ちょうだい！」

こんな無茶な要求は常識ある人間は受けませんよネ。

しかし、そこで考えた人がいたのは事実なのである。

「……待てよ、このお客の死亡率は一体何パーセントなのだろうか？」と。

日本人にはこの発想はなかなかできないのだが、福沢諭吉という人物がそのシステムに興味を持ち、輸入、研究した結果、現在では大きなビルといえば生命保険会社といわれるほどに成長したビッグビジネスとなった。

損害保険だって同じ。すべては緻密な確率の計算から、ビジネスは成立している。その計算を専門にしている人をアクチャリーといって、今では高給取りの職種の一つとなっている。

「保証人提供屋と何の関係があるんだ⁉」

「実は、保証人提供屋ビジネスも、事故率という計算を基礎としてなっているのです」

この商売のお客は「保証人提供屋」から保証人を提供してもらってアパートなどに入居する。そのアパートの一カ月分の家賃が、紹介料として保証人提供屋の収入となる。

保証人提供屋にとっての事故率とは、お客であるアパート住人が家賃を滞納して、その滞納家賃の請求が保証人に来た場合、ということになる。

損害保険や生命保険は外国で生まれた制度で、日本に輸入されたときは、日本人にも適用可能範囲の事故率、死亡率はだいたい予想でき、採算ベースに乗る保険料も予想されていた。

しかし、アパート入居、学校進学、就職など、何でもかんでも保証人を要求する日本のような制度は海外にはない。商売としては損害保険、生命保険と同じなのだが、事故率の統計、確立された基礎データというものが存在しないのだ。

基礎データがないままにビジネスを創業するのは、ちょうど損害保険システムを考え出したロイドのように、たいへんな勇気と決断が必要だろう。

しかし損害保険や生命保険と違い、「保証人提供屋」のリスクは実は非常に低いのである。

すきま商売発想法その16
常識とはかけ離れた低リスク商売もある

なぜ常識はずれの低リスクなのが「保証人提供屋」なのか!?

考えてみれば、アパートの保証人を提供したところで、東京では敷金、大阪では保証金を不動産会社はがっぽり預かっている。また、家賃取り立てのプロ不動産屋がその仲介に当たっている。

不法入居されたって、連帯保証人が不動産屋と共同して入居者に対処すれば不良入居者だってお手上げである。

つまり、通常の常識では不良入居者は大家からいえば敵なのだが、その敵側の総大将「連帯保証人」と大家や不動産屋がこの商売の場合では結束でき味方同士になれるのだ。

すきま商売発想法その17
常識的な敵を最大の味方にする商売もある

「保証人提供屋」商売では、事故が起きた時の事故処理費用は会社の方で支払っている。この制度があるから、「連帯保証人」をアルバイトで引き受ける人達も存在するわけだ。このアルバイトがいなければ、「保証人提供屋」は始められない。

「副業で月収一〇万円可！」などと募集広告を出せば、必ず保証人引受者の応募はくる。

このような人達への謝礼は、保証料の約二〇パーセント。つまり家賃一〇万円の場合、お客から受け取る保証人提供料は一〇万円で、その二〇パーセントの二万円が保証人引受者に対し支払う謝礼となっている。

一九九五年には、当社には一二名の保証人引受者が登録していた。保証人引受者の中には、お金が急遽必要な人もいる。

保証人引受者F氏、一部上場会社の営業部長。

「ちょっと今月お金が必要で……」

こういった保証人には仕事を多く紹介できる。当社で一番多く支払った記録は、F氏に対し、月五六万円。魅力ある副業といえるだろう。

ここで、この保証人提供屋商売にとって避けられない、事故への補償金をご説明しよう。

入居保証の場合、当然未払家賃に対する大家への補償となる。

家賃未払いが発生すると、連帯保証人である保証人引受者に請求が来る。この請求金は保証人引受者に代わって会社が支払うのだが、この支払いが「保証人提供屋」にとっては事故補償金、つまり損害金となる。

また一部の退去や夜逃げの場合、部屋に残された荷物の後始末が必要だ。この作業は委託している運送屋に依頼する場合が多い。

もちろん運送会社といっても不用品処理、部屋の掃除までやってもらう特別な提携を結んでいるのである。

担当不動産会社と住所を伝えれば、彼らは部屋のカギの受領、室内不用品処分、清掃から不動産屋へのカギ返還までやってくれる。その費用は家賃の一カ月分程度。

つまり、家賃三カ月滞納まで放置してしまった場合の「保証人提供屋」の損害額は、東京の場合、家賃の二カ月分に相当する金額になってしまうという計算である。

それらを未然に防ぐために、「保証人提供屋」としても対策を講じている。

不動産会社から保証人に契約時の保証人承諾確認が入ったとき、「分かりました、保証人は引き受けます。もし一カ月でも家賃が滞納したら、必ず私に連絡をして下さい。私が飛んでいって家賃を支払うように怒鳴りつけますから……」というような返事をすることを厳守させる。

保証人を提供した客との間に誓約書を作り、一カ月でも家賃が滞納した場合には、即刻保証人を引き上げる通告を不動産会社に提出することを明記したり、緊急の場合のことも考え親族の住所、連絡先を記入させる……などである。

間中の場合には、事故の時の責任を回避するため集合オフィスを会社として、重要な電話を受ける場所は極秘にしている。こうして、不法広告への苦情や保証に対してのトラブルから回避する手だてを完璧に講じているのだ。

間中の、保証引受者への損害請求回避方法は特に面白い。

保証人引受者とはいわゆる「連帯保証人」になる人のことだが、間中はこの引受人を浮浪者から選出しているのだ。

浮浪者をまず雇い、分譲マンションに住所を移す。そこで住民登録を行い、印鑑証明の登録も行うのである。

さて、身分はといえば間中の持っている法人の取締役や社長に登記すれば浮浪者がまたたくまに法人の社長に大変身というわけである。

すきま商売発想法その18
浮浪者が社長

このようにして、「連帯保証人」を作り上げるのだ。もちろん浮浪者といっても金融データのない人物を選出する。

つまり、これで浮浪者が立派な法人の代表取締役。しかも金融借入のきれいな堂々たる社長が完成するのである。

脱サラ、開業への道のり

「保証人提供屋」と縁の深い不動産屋にも「すきま商売」はある。この大不況下でも急成長した不動産屋があるのだ。

その不動産屋とは、外国人を中心顧客とし高級賃貸物件を斡旋する業者K社だ。

日本人には信じられない話だが、このK社は高級賃貸に住む外国人専門に斡旋をおこない、中には家賃数百万円というものもあるのだ。

日本人を相手にする不動産屋の場合、平均家賃は八万円程度だから、仲介手数料も平均で八万円となってしまう。しかし、Kでは三〇〇万円という家賃の斡旋も多い。ということは同じ仲介の手間で日本人相手の不動産屋の実に三七倍もの手数料を稼ぎだす。

当然、この賃貸契約には上級の保証人が必要だが、私の店ではこの上級の保証人を準備しているのが特徴である。これで、保証人提供の紹介料も三〇〇万円いただける、というわけである。

私が「保証人提供屋」を開始する動機はK社の情報を得たことにあった。

「そうだ、外国人にも提供できる保証人斡旋会社を作ろう！」と私は考えたのである。

すきま商売発想法その19
すきま商売成功者からヒントを得る

私は元サラリーマン、いわゆる脱サラでの開業だ。

私の開業資金は八〇〇万円。

事務所契約に二〇〇万円、設備一〇〇万円、広告費一〇〇万円、備品一〇〇万円、人件費二〇〇万円、家賃三カ月分六〇万円、その他予備費で四〇万円という内訳だった。

すきま商売発想法その20
手持ち資金ゼロでも道はある

私の場合は計画した脱サラ。

しかし、二〇〇〇年の現実は、突如の解雇、倒産、リストラの嵐。

リストラなんてまだ良い方かもしれない。突如解雇された場合には一カ月の給与保証と失業保険しかない。

倒産の場合にはもっと悲惨だ。

突如失業の場合、資金借り入れのための事前活動も、借り入れする身分もなくなってしまうのだから問題はより深刻といえる。

もし、あなたが突如解雇されて貯蓄もなく、途方に暮れる立場にあったら事は深刻だ。いくら低資金で開業できる保証人提供ビジネスでも、やはりある程度の資金は必要だ。

借入や自己資金で事務所を持てれば次は、広告である。

間中方式と違い、当時私は広告の方法は正規の方法をとりたかった。そこで三大新聞に広告を依頼しようと各広告代理店に連絡をいれたのだ。

しかし、「えっ、保証人を斡旋するお仕事ですか?」と代理店の担当者はビックリ。

A紙とY紙には掲載基準にないという説明で断わられ、M紙の代理店は会社訪問をして、直接お話を伺ってからとの返事だった。

代理店の担当者は早速会社に来たのだが、やれ会社案内を出せ、法人登記簿謄本を見せろと、私が予想もしていない要求ばかり。

そこで会社の登記が完了するのを待って、早速代理店に連絡して登記簿謄本を提出したのだが、二日経って「新聞社の許可がおりませんので今回は掲載できません」との冷たい返事がきた。

「そ、そうか！　この商売は一流紙には広告ができないんだ」と私は初めて知ることとなった。

つまり、正当派の広告が受け付けられない業種というわけだ。

「これではダメだ、チラシを配布するぞー」とチラシを急遽印刷することにし、日本語と英語で「貴方の東京ライフをサポートします……」というキャッチフレーズのチラシ制作を依頼した。

一九九一年当時、保証人提供屋は水面下の商売に位置づけられていた。

東京では表面に現れた業者はなく、もちろんタウンページにも広告は掲載されていなかった。三流紙や風俗専門紙にポツポツと広告が載っている怪しげな商売。

しかし、私はこの商売を生命保険、損害保険に次ぐ正規ビジネスであると考えていたので、一流紙への広告掲載には未練があった。

そうはいっても、とにかく広告を打たないことには商売が始まらない。

私は、とりあえず一流紙はあきらめ、二流紙に掲載を発注し商売の開始となった。

二流紙といえども、会社案内、登記簿謄本、営業案内が必要で、もちろんそれらの書類は提出した。ちなみに、三流紙や風俗専門紙の場合なら、一切そういった書類は必要ない。ファックスで原稿を送り、広告料を送金すれば新聞に掲載される。

当時の三流紙の広告には、保証人提供屋の商売は二件程度掲載されていた。外国人向けの広告は、調査したところゼロだった。市場は果てしなく広がっていたというわけだ。

現在でもこの状況は変わっていない。「保証人提供屋」はやはり一流紙には広告が掲載できないのだ。ちなみに法的に説明すれば「保証人提供屋」は合法な商売である。

「保証人提供屋」と同じ「すきま商売」だった「便利屋」が、現在では一流紙にも広告が掲載されるのを考えると、社会的な認知が遅れている商売でもあろう。

実際、二〇〇〇年三月に愛知県岡崎市の代理店希望者が地元新聞に広告を申し込み、法人登記簿の提出が出来なくて広告掲載を断られた。その彼は岡崎で二〇年も便利屋を個人で経営しており、便利屋の広告は個人でも掲載出来ていたため「保証人提供屋」の広告を拒否されたことに驚いていた。

最近は法人登記簿の要求が広告審査では普通となり、個人ではなかなか難しい時代である。まして、便利屋などはすでに多くの広告掲載が成されているのに対し、多くなったとはいえ保証人提供屋はまだ数が少ないし注目を集めてしまう。

私が一九九九年に保証人提供屋の商売とそのノウハウを本にしてからは、その本だけで商売を開始した輩が全国で出没し、まるで雨後の竹の子状況となっている。

その本では最低の資金、しかも地方での予想資金で営業する方法を紹介していたのだが、実際にそのまま実行する人も現れだした。

そんな人はすぐに経営が行き詰まり、結局新聞社の審査をより厳しくする現況を生みだしている。

この保証人提供屋の固定経費は事務所、通信費が主であり、リスクも他の商売と比較すれば超低レベルなのだが、失敗した経営者では広告費負担の理由が異常に多い。

この商売は広告費をかければ必ず失敗する。

一九九一年から一九九八年の私の会社の統計でも対広告費用効果はイーブン、つまり広告費と収入が同じレベルでの増加でしかない。

つまり広告費をかければ確かにお客は増加し、広告費を削減すればお客は減る。

その収入と広告費はまったく正比例し、結局広告費用効果はトータル的にはゼロなのである。

ところが私の本でこの商売を開始した人はそろって初期資金を広告につぎ込んでいる。これでは初期資金がなくなったときが商売の終焉となってくる。

生き残っている間中の場合、不法看板広告でそれを切り抜け、私は広告費をまったく使わない方法で商売をしていた。

もちろん私も商売を開始した一九九一年から約三年間は膨大な広告費をつかっていたが、対広告費効果がゼロに近いことを体験し、その方法から広告費のかからない商売方法に切り替え、顧客が四〇〇〇名に達することになる。

「保証人提供屋」をとりまく商売

「保証人提供屋」は、「在籍屋」「便利屋」といった人間とも関係をもってしまう商売である。また『完全失踪マニュアル』などの本を研究している若者にも狙われる商売ともいえる。

「在籍屋？」

「便利屋？」

「完全失踪マニュアル？」

読者には不可解な言葉のオンパレードかも知れない。それらについて少々説明しよう。

まず「在籍屋」とは、文字どおり会社在籍を装う商売。

「はい！　株式会社Ａ企画です。大山鉄男ですか？　ただいま営業に出ています。連絡を取りましてそちらに連絡を入れさせますので、電話番号を教えて下さい！」

連絡はすぐに依頼者の携帯電話に……というわけだ。

この「在籍屋」を利用する客には、悪い輩が多い。一番悪質なのはサラ金に利用する客だ。

サラ金申し込みに「在籍屋」を利用する人間は、まず借金を踏み倒す。二〜三カ月で、株式会社A企画は在籍屋である、とサラ金業者によって判断されてブラックリストに登録されることになる。

このため、在籍屋はいつも新しい会社の法人登記やその会社の電話番号の一〇四登録をする必要があり、また職種も多彩、広域に広がる必要が出てくる。

この在籍屋の一人が私の本を見て連絡してきたのが一九九九年一〇月のことだ。新宿の喫茶店で面談したのだが、彼も保証人提供屋を始めたいという。

在籍屋はもちろん裏の商売で表向きはパチンコの景品交換業を営む五一歳の男だった。在籍屋がこの保証人提供屋を開始すれば裏商売の二乗となり、協力は断ったのだが、彼も私の本を頼りに商売を開始したのである。

ある日、私はインターネットを見てビックリした。彼は本の原稿のままを使用しインターネットで広告をしていたのである。しかもそれに追加して「身分証明書を発行します」という在籍屋一番のうまみ広告も掲載していた。

まあ、日本保証互助会という名前は使用していなかったので私としては何も言うことではないが、私達の商売方法や理念とは違う人達がこの保証人提供屋に大量に参入しているのが二〇〇〇年の状況といえる。

「便利屋」は二〇〇〇年現在、立派に市民権を得ている正業だ。ところが、家事の代行や引越しの手伝いなど、まともな依頼ももちろんこなすが、中には違法なことも平気で受ける便利屋もいる。

何でも引き受ける商売、それが「便利屋」である。

ある便利屋はマンション契約を依頼人に代わってすべておこなう。不動産屋に出向き、契約一切を便利屋自身の個人名義で済ませて、依頼人に部屋のカギを渡すところまでやっている。

携帯電話の契約にも手を出すものもいる。

PHSを含み、同一者が携帯電話会社のすべてと一〇台に近い携帯電話を契約し、その電話をお客に渡す。もちろんお客からの依頼でそうするのだが、お客は他人名義の携帯電話を欲しがるのだ。

当然使えるだけ使ってあとはポイ、もしくは犯罪に使用される可能性もきわめて高い。国際電話サービスの開始により、このような依頼客がもっと増加していくだろう。

オウム真理教の事件では、多数の便利屋が彼らの逃走や潜伏に関与した。

あの様な完全なる失踪をサポートするためには、海千山千の不動産屋が相手となるので、アルバイトには任せられない。当然、便利屋の中でも経験豊富で頭が切れる人物が担当することになる。

その任務をこなせる人材は、便利屋といえどもごく少数だ。不動産屋と対等に渡り合っている便利屋、彼らには共通の特徴がある。

まず、いかにも好青年で身のこなしが軽い。無駄な会話は一切なく、事務処理や行動テンポが早い。服装もスーツではなくカジュアルで、腰にはウエストポーチと携帯電話。全身これ神経のような利発さと目配り。

これが、不動産屋さえ手玉に取る便利屋エリートの実像。

便利屋経由のお客は「保証人提供屋」にとって上玉の客である。彼らのお客は資金に余裕があるのか、もめ事を嫌うのか知らないが、家賃は期日に確実に支払うので「保証人提供屋」にとって実害が少ない。

といっても便利屋に依頼するお客を想像すると、心境は複雑。エリート便利屋が自分の運転免許証、住民票まで提出して行動するのだ。

当然、その依頼者と便利屋との間に一切の文書は取り交わされない。多額の依頼金が動くだけ。便利屋はその依頼人の名前さえ聞かないだろう。

あなたがいくら名探偵でも、この依頼者、つまり入居者にたどり着く方法は皆無。

これこそ、完全かつ完璧なる失踪といえる。

「保証人提供屋」にとって困るのは市販されている失踪マニュアル本をそのまま実行する若者

達だ。本のとおりに「保証人提供屋」を訪れ、内容そのままに行動してしまう彼らは、遊び感覚。それらに付き合わされるのは、はなはだ迷惑である。

求められる多種の保証人

「保証人提供屋」に訪れるお客は、どのような保証人を求めているのだろうか。それは、あなたがどのような時に保証人が必要だったかを思い出してもらえば分かるだろう。

融資を申し込んだとき、就職、入学、入院、物品購入時などいろいろと思い出せる。

それでは、それらを一つ一つご紹介する。

【融資保証】

金融機関からの借り入れに対する保証人提供をいう。私の会社では借り入れに対する保証人は提供していない。総てを互助タイプとして運営し一番多い需要層を掴んでいる。

国民金融公庫、東京都融資、区融資などへの保証人提供をやっている業者もある。その保証人提供料は融資金額の二〇パーセント。つまり、一〇〇〇万円の借り入れ保証で二〇〇万円も受け取るという商売をやっている。

【就職保証】

入社時の保証人提供をいう。

保証人提供料は三万円から一〇万円でやってる業者が多い。この料金設定は各社まちまち。一番多いのはタクシー会社への就職時の保証人だろう。タクシー会社では普通二名の保証人を入社時に要求する。保証人一名を見つけるのは比較的簡単だが、二名となると気分は重い。この保証人を求めるお客が就職保証希望者のベスト一。

【入居保証】

賃貸アパート、マンション、オフィスを契約する時に必要な保証人の提供。

各社家賃の一カ月分の保証料で二カ年保証をしている。オフィスなどの三年契約には一・五カ月分を保証人提供料と設定している場合が多い。

【その他】

物品購入、各種リース、入院、入学、代理店開始契約等、多方面への保証人提供がある。

保証料はリスクによってまちまち。各社とも特に設定はしていないが、これらの保証依頼は入居保証に比べてずっと少ない。

いくつかの保証の種類をご紹介したが、このように日本は、何でもかんでも保証人を必要とする社会である。

長い人生、あなたもいつか保証人が必要になるかもしれない。

両親が退職し無職になった時や、会社の同僚や遠方の兄弟に頼みたくない時に「わずかの保証料を払って煩わしい人間関係を避けられるなら……」と考えるのは自然だ。

たとえば、あなたの子供が証券会社に入社するとしよう。

保証人は二名要求されるが、一名は父親、もう一人は同居以外の親族又は第三者で、動産、不動産の告知が必要である。

証券会社が用意した承諾書には二名の所有動産、所有不動産の記入欄がある。相手は証券会社、つまり金融機関。自分の保有動産や不動産の内容記入欄をみれば普通、親族だって嫌がる。

こんな時きっと感じるだろう「わずかなお金で保証人を引き受けてくれる知り合いでもいたら……」と。

そんな時、どのようにして保証人提供屋を探すのかご存じだろうか？

保証人提供屋を見つけるのに一番手軽な方法をお教えしよう。お手元のタウンページの「信用保証業」の項目を見てみることだ。

タウンページに掲載のない場合、インターネットがある方は「保証人」で検索してみよう。タウンページにもなく、インターネットも面倒な方は、スポーツ紙、サラリーマン向け夕刊紙で見つけよう。

見つかったら、まともな保証人提供屋は、保証範囲、保証の申し込み方、保証料などを説明した業務案内を準備しているし、請求すればすぐに郵送かファックスで送付してくれる。保証人提供屋といってもピンからキリまであるので、会社案内、業務案内を送ってくれない業者は注意が必要だ。

間中のように、条例や法律に違反している街角の看板などの広告を使用している保証人提供屋などは避けるべきだろう。広告段階から違反している業者は当然要注意であることは明白である。

保証人を求めるのは「普通の人」

「保証人提供屋」に依頼する客の大半は普通の人である。単身で上京している男女がその八〇パーセントを占めている。

利用するお客の特徴といえば、ドロドロとした人間関係に頼るよりお金で解決した方がいいと考えている、クールで合理的精神の持ち主といえよう。

職業は普通のサラリーマンから風俗嬢まで幅広い。若いＯＬも多いが、彼女達が会社の上司や親族、友人に依頼しない理由は、やはり保証人を頼んで人間関係を深くしたくないという考えなのだ。

その他は高齢者が多い。高齢者の場合、肉親が他界している場合には保証人探しは絶望的となる。高齢者の入居先としては県営住宅、都営住宅が多く、これらの保証人には印鑑証明の他に課税証明が必要で、これも高齢者にとって依頼しづらい要因となっている。

お客の大半はこのようなごく普通の人で、一般的イメージのヤクザ屋さん、失踪者、逃げ回っている人……などの来社はほとんどない。

失踪者や逃げ回っている人は住民票を提示できないか、したくないのが普通だ。これでは不動産屋の審査はもちろんパスしない。

ヤクザ屋さんは任侠世界の人だから、ドロドロした人間関係が主流のこのスジの人は保証人屋などへの依頼は必要としないということである。

ある有名運送会社が不景気対策として会社の寮を売却することになった。寮に入っていた運転手達は途方にくれた。

お金の問題ではない。ほとんどの人達が保証人を確保できないのだ。会社は転居先アパートの保証人までは面倒を見てくれない。彼らは大挙して「保証人提供屋」に押し掛けたそうだ。風俗嬢やホステスなどは、考えればいくらでも保証人など依頼できると思う。少しイヤな客でも色気で獲得できそうだが保証人を頼めば当然そのお客との関係が深まる。「まあ、一発」で済めばよいがズルズルと関係を持たされてしまう恐れもある。

そういった関係がイヤだと感じる人が保証人提供屋の客となるのだ。

「保証人提供屋」には、「外国人なんでも相談屋」や「ビザ屋」同様、外国人の需要も多い。どんな「すきま商売」だろうと、外国人相手の場合、語学力、会話力が必要と考え、しりごみする読者もいるだろう。だが、それは心配ない。

事務員にバイリンガル女性を雇用すればよいのだし、実際日本にいる外国人は日本語をある程度理解している。あなたが中学の英語さえ忘れていても問題は少ない。

というか、彼らの話す英語は学校で勉強していない言葉のオンパレードである。学校で習った英語はまず通用しないし必要ない。

「ピーピー」や「トワイライト」がトイレになったりするのだ。トワイライトは辞書では「黄昏」、トワイライトクルーズでお客を集めている船会社でも有名な言葉だが、辞書や常識からは

「トイレ」は出てこない。

こんな調子の英語だから、日本語でしゃべったほうが間違いが少ない。

「英語がしゃべれないから外人相手のビジネスなんて……」としりごみする必要はまったくないことを理解してほしい。

すきま商売発想法その21
考えても無駄、実行あるのみ

受難の後の明るい未来

一九九五年夏、それまで隆盛を誇っていた保証人提供屋や在籍屋のほとんどは消え去った。それはオウム真理教に関係した結果だ。

当時、東京の責任者Iの指示で、在家信者達が犯罪者達の隠れ家となるアパートやマンションを契約するため全社を訪問。ほとんどの保証人提供屋や在籍屋が、彼らに関係してしまった。ある在籍屋はオウムの幹部に自分の会社や保有会社の身分証明書を発行し、多額の収入を得た。またオウムの在家信者たちは隠れ家になるアパートやマンション契約の保証人を、保証人提供屋に依頼した。

当時、在籍屋六件、保証人提供屋八件のほとんどがその被害を受けた。また、数社だが便利屋もオウムに関与し、その被害に遭っている。

もちろん各社、オウムだと知ってやってはいない。しかし、厳しい警察の調査、追求を受けて、次々と姿を消していった。

ところが二〇〇〇年現在、東京だけで在籍屋一〇数件、保証人提供屋にいたってはその数さえ把握できないほどに復活している。

在籍屋や保証人提供屋がほとんど消え去るような大事件、つまり一連のオウム事件のような警察の大捜査はもう二度とないと思われるが、一九九五年、一九九六年は保証人提供屋や在籍屋の受難の年だったといえる。

街のあちこちにラーメン屋、不動産屋があるように保証人提供屋の将来は明るい。一駅に一店舗の窓口オフィスが配備されるのも夢ではない。

その背景には日本の高齢化がある。高齢者は通常、保証人の依頼を子供に頼むが、子供がいなかったり、遠方に住んでいる場合には面倒この上ない。

現実に高齢者が賃貸アパートを求めて不動産屋を訪問しても門前払いされる場合が多い。入居者に死亡されてはイメージが悪いという理由がその根底にある。

特に、若者に人気のある街の不動産屋は売り手市場で、高齢者にはまったく冷たい。上京する若者は二万、三万円台の安いアパートにもドンドン申し込む。高齢者へまわす安い物件などないというのも理由の一つだ。

年金生活ではマンション住まいなど不可能であり、結局高齢者は行き場がなく、国の施設に頼るしか方法がない。

しかし、高齢化が進み、福祉への経済的資源の乏しくなる将来の国の財政を考えると、高齢者の待遇が良くなるとは予想できない。

また、この保証人提供屋というビジネスに大資本が参入できるのだろうか。

大資本が考え出す保証システムは、すでにテストされている。賃貸契約への保証会社の存在であるが、大家やオーナーは個人の保証人を求めたがる。

なぜなら大資本による保証システムは、額面が明記してある保証証券による有限の保証であり、入居者から被るあらゆる損害補填に対応できるか不安がある。よって大家やオーナーは、現実の賃貸保証会社の保証に加えて、個人の保証人を求めているのが現実である。

これでは不動産屋にとって面倒な作業が増えるし、借りる側にとっても負担が増えるだけで、結局その物件は敬遠されることになる。

大資本が「保証人」という個人を提供するビジネスに手を出すことは絶対にできない。

このビジネスは今後も増加する。水面下の裏ビジネスのイメージを払拭さえできれば一駅に一店舗も夢ではない。

それには、この商売を開始する側にも本ビジネスへの発想の転換が必要だ。

あなたの自動車保険を考えてみよう。多い人で一三万円、少ない人で三万円程度の掛け金で一年間の事故補償を受けている。その内容は総合補償で、対人補償の場合は無制限補償というのが一般的だ。

つまり、月一万円弱で無制限の補償を受けている。

「やあ、山田さん、あなたに毎月一万円支払うから、私に対して無制限の補償をしてくださいませんか？」と同じ要求である。

生命保険でも月二四〇〇円で一〇〇〇万円の保障をしている。

これは自殺されても支払うという保障だ。

「私は地方の学生ですが都会は危険でとても怖い。私はあなたに毎月三〇〇〇円お預けしますので、私がもし自殺したり死亡したら一〇〇〇万円を下さいネ」

この要求を確実に受けているのが損害保険、生命保険会社である。

これに対し、「私、あなたに毎月五〇〇〇円支払いますから、私が事故にあったら十二万円下さいネ」

　これが保証人提供屋ビジネスへの要求である。

「毎月五〇〇〇円頂いて、十二万円程度の保障をする」という、生保、損保から比較すれば夢のような低リスク。この低リスクに気がつけば、多くの人がこのビジネスへ参加するだろう。

新イメージを作る経営体制

「保証人提供屋」にとっての重要なハードルは、イメージの払拭である。

二〇〇〇年現在、それを可能にする店舗ができつつある。一駅一店舗の時代が必ずやってくる。

そのためには、経営する側にある程度の受け皿作りが必要だ。

次に挙げるような経営側の体制は、今後確立するべき最低条件だろう。

1　店舗

先に紹介した間中のように、無店舗で経営している会社もあるが、イメージ戦略的にも店舗は必要。できれば、駅前の便利な場所が理想だ。

2　法人登記

「信用保証業」という登記が必要。

脱サラの場合、自分が将来開始したいビジネスも加える。ラーメン屋をやりたい人は「飲食業」、残高証明屋をやりたい人は「金融業」などだが、これは司法書士とよく話し合って決定すること。

将来、銀行借入なども必要と思われる方は、メインを「信用保証業」にせずに「飲食業」など自分のやりたいビジネスにしよう。決算報告書、税務署への申告書類に、メインを「信用保証」とすると、借入への申し込み段階で資格なしとなる。メインの業務を持つのが理想といえる。

3　顧客データ管理とネットワーク化

まだ複数店舗を拡張するまでには保証人提供ビジネスは成長していない。ネットワーク化などほど遠い業者が多い。顧客のデータ管理さえやっていない場合もある。

しかし、これから本ビジネスに参入される方は組織化を念頭に入れて欲しい。そのためには顧客データ管理は必要である。私は「ＤＢＡＳＥ５」というソフトを使用し作成している。市販の顧客データベースでOK。将来あなたの支店ができた時、オンラインで結べばネットワーク化や管理は簡単にできる。

4　明確な保証料金の確立

明確な料金提示はビジネスとして当然である。お客の弱点を探し、料金を上乗せするというような裏ビジネスでは、今後の発展は望めないのは当然だ。確定料金が提示できない保証の場合、計算基礎となる説明を加えなければいけない。

5　契約書類の確立

これも、ビジネスとして当然（重要書類見本は巻末で紹介）。

6　事故処理体制の確立

発足、開業当初は必要ないのだが、開業後一年も経過すると事故報告が入って来るだろう。当初から念頭に入れ、対処方法・処理方法は確立しておくべきだ。

7　顧問弁護士

顧問弁護士とまではいかなくても、相談できる弁護士は必要だ。

賃貸契約に強い弁護士がよい。

「すきま商売」を考えている読者は、これからの「保証人提供屋」ビジネスの輪郭が浮かんできただろうか。

「保証人提供屋」の魅力は、保証料や更新料といった収入と低リスク、そしてもう一つ、「無資格」で開業できる点であることを付け加えておこう。

ただ無資格といっても私の本を頼りに安易に商売を開始してもお客は掴みにくいだろう。この商売は簡単なようで簡単ではないというのが本音である。

すきま商売発想法その22
無資格・無経験でもやれる商売

この保証人ビジネスを成功させるには、基本的な書類と事務所の整備、広告費を使わない方法、顧客管理という準備が出来て始めて成功する商売である。

この商売の本当のうまみは何だと読者は思われるだろうか。

また、この商売を真剣に検討している人にご質問しよう。

「この商売の本当の『うまみ』はどこでしょうか？」

——真剣に考えてください——

その答えは。

実は「うまみ」は「更新料」にある。

この更新管理方法を確立しなければ「うまみ」を無視した味気ない商売でしかない。

また、低資金で開始できる商売であるがため、安易に開始する人達が二〇〇〇年からは爆発的に増加している。長期的に見れば多くの保証人提供屋が発生し、淘汰されたあとにこの商売が社会的に認知される時代がくるものと予想している。

この商売のうまみの極意をご紹介したのだが、最後に違法性も説明しておこう。

保証人提供ビジネスが今まで水面下の位置づけしかなかったのは商売の業種が問題ではない。商売自身は合法であり、なんら問題はない。

しかし、商売を実行するときの内容に違法性があり、どうしても水面下にならざるをえなかったのである。

その違法性とはお客と保証人との関係である。

不動産屋の審査で、保証人は両親、親族がどうしても求められる。そこで多くの保証人提供屋はウソを記載してしまう。たとえば「叔父」「伯父」などである。

この問題を解決する準備がなければ私の本を参考にしても、この商売はいずれ失敗する。

違法性を持っていては健全な商売には絶対に発展しない。

なんだか、説教じみた内容になってしまったが、要は広告費をかけてはならない。更新管理が最重要。違法性を排除する準備をして開始せよ。ということである。

これらを解決できる読者なら、この商売は絶対にお勧めであり二〇〇五年には大会社となっているだろう。

対広告費効果がイーブンという意味をもう少し説明しよう。

これを一番説明しやすいので宅配業を例にとってみる。宅配業、たとえば宅配ピザ屋などの商売は新聞の折り込み広告を入れた翌日や数日は客が増加し、売り上げがのびる。

ところが折り込み広告を押さえると売り上げも落ちる。

この広告費用を一回二〇万とする。

その二〇万をチラシ広告費に投入すると二二万程度の売り上げがあるのだが、広告費を一〇万円にすると売り上げも一二万程度、広告費を五万とすると売り上げも六万程度しか伸びない場合、これでは対広告費と売上とがイーブンとなる。

保証人提供業の場合、対広告費効果がプラスになるのが日本人相手では三月と九月の二カ月のみで後の一〇カ月はマイナスとなる。

結論的には対広告費効果はややマイナスであり、広告をうち続ける平凡な発想でこの商売の継続は不可能である。

この対広告費効果はどのような業種にもあてはまり、商品仕入率二〇％の保証人提供屋ですら広告に頼っていると経営は成り立たない、まして仕入原価三〇％以上の飲食業や比較的狭い地域を市場にしている商売で、この広告効果と広告費用がイーブンと算出された場合、商売の継続は考えるべきでありその営業戦略は変更すべきである。

保証人提供ビジネスを開始するのに必要な書類のうち重要な書類は総て巻末にご紹介している。

興味のある方は大いに活用願いたい。

ご紹介している書類は、

① 日本人顧客用営業案内

② 外国人顧客用営業案内

これ以外の必要書類を知りたい方はご面倒だが、インターネットで資料を見ていただきたい。

http://www.guarantor.co.jp/

どうしても全部の必要書類が欲しいという方は筆者にご連絡頂ければご協力する。
筆者連絡先　ＦＡＸ　０４５―５０５　９４０２　佐藤一徹　宛

究極のうまみ

これだけは内緒にしたかったのだが編集者からの強い依頼にて、少しだが「うまみ」の特別情報をお伝えしよう。

これは断っておくが私のやり方ではない。ある架空の保証人提供屋がやっている方法だと思って欲しい。


法人契約という意味はご存じだろう。

保証人提供にあたって、外人や日本人の風俗女性には法人契約でマンションなどの賃貸契約をおこなえば、どのようになるのかを考えて欲しい。

ある保証人提供で原宿の店舗を法人契約したことがあった（とする）。

保証金は一二〇〇万、家賃が四〇万程度だったが、外国人それも黒人のため法人契約にし、法人の社長を保証人とした（とする）。

法人は当然、その保証人提供屋の会社であり、その社長も当然保証人希望者を社長としている法人である（とする）。

では、その場合、正式な経理処理としてはどうなるのか。

通常では、その法人が支払った保証金となり、資産勘定となる。

保証人提供ビジネスとしては保証人提供料として家賃一カ月分の四〇万。

法人契約手数料として追加の四〇万。合計八〇万の収入となる。

ところがそれだけではない。会社として資産一二〇〇万を計上可能である、というのも契約書も支払いもその法人を経由しているのである。

お客は、店舗契約金の全額を一旦その法人に預け、その法人から不動産屋に支払う形をとらなければ法人契約とはならない。

このお客に対し個人の保証人を提供したのでは四〇万の収入でしかない。

それを法人契約にするだけで収入は倍の八〇万となり、しかも資産一二〇〇万を計上しようと思えば出来る。また確かに領収書も保証金預り証もその法人名なのであるからその法人が保管することになる。

さて、さてこれからが本番である。

もし、もしもだが、その黒人が、なにかで警察なり強制退去となった場合、どのようなことになるだろうか。

これ以上は説明しない。

ここでストップするが「究極のうまみ」としてなぜ（私が小声で語ったか）をご理解されたであろうか。

これ以上の「うまみ」もあるらしいが、これ以上は編集長のさらなる強いリクエストもご勘弁、ご勘弁という次第となった。

振り回されっぱなしのテレビ出演体験

本章では「保証人提供屋」というすきま商売をご紹介してきた。

筆者である私は、二〇〇〇年の二月、フジテレビのニュースジャパンという報道番組の特集で紹介されたので、ご覧になった方もいるだろう。

この取材申し込みファックスが入ったのは一九九九年十月のことだった。

初めての対談は筆者の傘下である杉並店でおこなったが、現れたのは超美人のディレクター、

Nさんだ。名刺を見てみると所属はフジテレビ報道情報本部報道局報道センターとなっていた。

そもそもの取材のきっかけとして、彼女は『ザ・保証人提供屋』という本を自腹で買ったらしい。そこで私の商売に興味を持ち、取材申し込みとなったようである。

「まあ、別に取材されてもいいですよ……」と、美人のNさんに軽々しく返事したのが大きな間違いのスタートであった。

新宿店の取材が終わったところでNさんは、「新宿店はこれでけっこうです。次は地方店も取材したい」という。

「あ、それでは来週は関西の店に指導に行きますから……」

「では、その出張に同行させて下さい」

なんとカメラマン、音声、ディレクター同行の関西出張になってしまった。

こうなると私の商売どころではない。大阪の店に到着して、安田という店経営者と話している内容までチャッカリ撮影されたり、営業書類などや店全体の設備も撮られてしまった。

安田氏の方も、私との会議はそこそこにインタビューを受けたりする羽目となった。

この美人ディレクターNのフェロモンはすさまじく、彼は率直にしかも長々とそのインタビューに答えてしまい、せっかくの会議予定がハチャメチャになってしまったのである。

テレビ局さんは会社の経費で出張でき、また多分出張手当もついての、私からいえば大名取材活動だろうが、こっちは全部自腹の会議出張である。

真剣な打ち合わせが必要だったのだが、完全に予定を狂わされた形となった。しかし、安田氏も美人相手でニコニコと上機嫌だ。

やっと取材撮影も終わり、安田さんとユックリ話そうとしたとき、「京都店も撮らせてください」とNさんがリクエスト。

もうこうなったら「わかりました」と、すべてが彼女のペースで進んでいった。

「京都へは地下鉄で……」と言いかけると、「さあ、タクシーを呼んで下さい」という。

なんと、大阪と京都という超近距離に新幹線を利用するという。

通常の交通費は五二〇円程度なのに、新幹線で行くとなると三〇〇〇円程になる。それをさっと新幹線利用を発想するあたり、大企業のサラリーマンはいいなと感心させられた。

読者の方に、ここで少し説明をしておこう。

私が組織する「保証人提供屋」は日本保証互助会といい、東京、大阪をはじめ、地方にも面倒を見ている代理店がある。会長である私の仕事は各店の指導が中心で、出張が私の仕事とも言える。このことをテレビ局のNさんにも話していた。

実はこのとき、私は大阪で一泊する予定だった。

私は「きつねうどん」が大好物で安田さんの店の近くにはおいしいうどん屋があり楽しみに

していたのだが、彼女の一言で京都に向かうことになってしまった。後で聞くと、彼女たち一行はちゃっかり京都のホテルをリザーブしていたそうだ。

京都店は関西でのモデル代理店で、店の作りもなかなかの設備で、未来型保証人提供屋といったところだ。

京都に到着し、店舗に入ろうとしたとき、

「ちょっとストップしてください」という。

「どうして？」と私。

「カメラの準備ができてないので……」とNさん。

なんと入り口付近で、私はただボケーと立たされている。

「いいですよ。会社に入って下さい」という指示で歩き始める。

まるで彼女のロボットだ。しかし美人さんのロボットもまたうれしいものである。

本部に入ってから重要な会議室での会議にまで彼女たちは進入し、撮影をする。いつもだったら、「客はなー、一目で不自然な箇所を見抜けなければ……」というところを、「お客様には、みなさんこういう点を注意してください……」などと、発言にも気を使わずにはいられない。

そんな自分がつくづく情けない。

「あのー、いつもと同じく自然でいいですよ」と注意されても、やはりカメラが回っているので「お客様には……」となってしまう。

やっと撮影も終わりホッとしていると、「明日も来ます！」ということに。

「で、あなた達、どこのホテルを予約しているの」と聞いてみると
「〇〇ホテルです」

「……、あの京都の一流ホテルか、うらやましい……」

「夕食は何を？」

「ええ、湯葉でもと……」

こっちは好物の「きつねうどん」をふいにして京都のビジネスホテルに泊まる手配をしたというのに、美人さん一行は「湯葉」だという。

翌朝も撮影があり、その後オウム信者の入居していた目黒のアパート前での撮影、インターネットセンターの撮影と、一九九九年一一月の丸一カ月を費やした取材となった。

これで終わりと安心した一二月の初めに、「すいません、またこういうシーンを撮らせてほしい……」というリクエストが入り、なんと一二月いっぱいまで続行したのだ。

東京から出張すること合計三回の京都や大阪の代理店撮影となった。三回といっても一泊二日の合計六日間に及び、最後には私のパイロット時代の写真や飛行記録まで撮影させろという。

私から見れば膨大な撮影日数と取材費用をかけているのに、放送時間はなんとたった「九分」

だという。つまり録画テープ二〇本、約三〇〇分を撮影しても、たった九分に編集するということだ。二九一分の撮影テープが使われない。また、どのシーンを使うかは、彼女や上司たちの編集方針によるのである。

膨大な時間を費やしたにもかかわらず、「すきま商売」を追求している私には、テレビ局という世界からは、ビジネスのヒントもなにも得られなかった。

その取材結果は編集され二〇〇〇年二月二日に放映されたのだが、放映の翌日は大阪、京都の両代理店やフジテレビに全国から嵐のような電話が殺到したらしい。

ちょうどその頃、私は東京にいたので大阪や京都の状況は詳しくは知らないが、大阪の安田氏は二〇〇〇年三月に立派なオフィスに引越した。

まあ、私としては美人ディレクターさんと知り合いになれたし、安田氏は新大阪駅の立派なオフィスに出世したしで悪い気はしない。

世の中には目新しいビジネスを求めている人達は実に多い。

保証人提供屋ビジネスが珍しいのなら、私にはもっと変わった発想の男達、経営者達を知っているので、それを本で発表しようと考えたのがこの本である。それにしても「すきま商売」とは正反対の商売が大名旅行の「テレビ屋さん」といえるだろう。

フジテレビの美人ディレクターNさんが読者には気になるだろう。

彼女はいわゆる帰国子女である。

取材時私が持っていた書類を見て「ディプローマでしょう」と聞かれた時、私は彼女が理解できた。「あなた帰国子女?」と聞いてみると「ええ、そうですが…」という返事だった。この書類はまあ卒業証明書、経歴証明書のようなもので、この言葉を知っている日本人は少ない。

彼女の年齢は多分二五〜六歳、私を報道した番組にもレポーターとして登場したのだが、実にフェロモンの上品な女性だ。容姿は私の好きな三浦理恵子のムードと解散したSPEEDの上原さんの容姿を兼備したフジテレビの必殺仕事人といえる。まあ、大名ビジネスと核兵器とがミックスした商売、それが「テレビ屋さん」と私は思った。

もう一つ驚いたことがある。

読者の方はフジテレビから謝礼なり粗品を私が貰ったと思われるだろう。当然私もそう思っていた。フジテレビのマーク入「Tシャツ」くらいはくれるのだろうと期待していた。

ところがところがである。「ボールペン」一つもらえなかったのだ。

あれだけ取材に振り回されて「ボールペン」一つも、である。これは本当に事実なのだ。

核弾頭付き大名さんと「無粗品」。頭がダッチロールしそうな業界、それが「テレビ屋さん」であったのだ。

第五章　連帯保証引受屋

キーポイントはパートナー選び

私が「保証人提供屋」をやっていることは前章でお話しした。

その「保証人提供屋」という商売に目を付け、そこから「すきま商売」の芽を発生させている人達がいる。

その「すきま商売」とは「保証人引受者商売」である。

この新種商売は、私のように「保証人」を提供するのではなく、保証人提供屋が提供する「保証人」に「自ら志願してなる人たち」をいう。

彼らの発想はこうだ。

「保証人提供屋が想像と違って低リスクな商売ならば、その保証人になることだって低リスクのはずである」

この発想は一面は正しいが、一面は間違っていると私は考える。

低リスクなのは「しっかりした保証人提供屋」と組んだ場合であり、怪しげな保証人提供屋と組んだ場合には非常に危険であろう。

広告方法さえ条例違反を平気でおこなっている保証人提供屋などと組んでしまうと、あとで面倒なことも発生することは保証出来る。

しっかりと保証人引受者をガードし、守ってくれる会社を選べばなんら問題はなく、まさに「すきま商売」として成り立つ。

この商売に参加するのはサラリーマンが多い。

月に一〇万円程度の副収入は確実で、魅力あるバイト先である。

しかし、提携しようとする「保証人提供屋」が、あなたの勤務する会社をそのまま使用するようなところならば、絶対に組んではいけない。

まともな「保証人提供屋」の場合、あなたの身分は彼ら手持ち法人の役員に登記し、その登記した会社名をあなたの勤務先とするのが常識である。

つまり、あなたの正規勤務先は絶対に秘密にしてくれる「保証人提供屋」と組むことだ。本業あっての副業であり、本収入あっての副収入である。

「まともな保証人提供屋」は、絶対にあなたの本業には影響を及ぼさない対処を一番と考えているはずだ。

この商売にもテレビ放映直後、希望者が大阪と京都に殺到した。

なぜ大阪と京都の代理店だけかと不思議な読者もいるだろうが、要は放映されたのが二カ所の代理店だけで、あとはカットされたそれだけの理由である。

ちなみに保証人引受希望者は実に多い。二〇〇〇年三月、岡崎市で代理店を開始した浜谷氏が新聞の三行広告で募集したところ応募者が二六名もあり驚いたという。

私がこの商売を検討したのが一九九〇年頃だが、保証人を引き受けてくれる人を見つけることが出来るだろうか、と一番悩んだものだ。実際は杞憂であったが、最近の代理店指導でもやはり同じ不安を当初は代理店の誰もがもっていた。

しかし、現実は一切心配は不要である。

第六章　残高証明屋

元金の減らない究極の王様ビジネス

株式会社を設立するには一〇〇〇万円、有限会社なら三〇〇万円の資本金が必要なことはご存知のとおり。ところが、そんなお金はないというお客に対し、法人登記が完了するのに必要な期間だけ資金を貸し付けて手数料を稼ぐというのが「残高証明屋」である。

資本金以外では、ビザの発行請求に必要な銀行残高証明を求める客も多い。

残高証明ビジネスは、もともと司法書士が副業でやっていたケースが多かったが、短期にしろ資金を貸し付けるわけなので、これには金融業への登録が必要だ。

司法書士も金融業登記は避けたい。このため、水面下のアルバイト程度にしかできないのが実状だった。このすきまに目をつけたのが鈴木明夫・六二歳だ。

この商売には金融業登録以外にも弱点がある。

多くの司法書士達はその弱点のため、本格的には開始できなかったのである。

ではその弱点をご紹介しよう。

お客が株式会社を設立したくて訪れたとする。

「資本金一〇〇〇万円の会社は可能ですか、そうですか。では資本金三〇〇〇万円の会社はできますか？」

その司法書士の預金残高が二〇〇〇万円程度の場合、「それはちょっと……二〇〇〇万円の会社でしたら……」ということで、すぐに自分の懐や能力を見抜かれてしまう。

実際、三〇〇〇万円以上の残高証明に対処できる「残高証明屋」は少ない。

ところが、鈴木は元手の三〇〇〇万から今や数億の金を操る経営者に成長した。彼が取る手数料は四パーセント。つまり彼には一〇〇〇万円の銀行残高証明に対し四〇万円の利益が入る。法人登記は約一週間も資金を寝かさなければならないのだが、残高証明だけなら一日で済む。彼は、この「残高証明屋」で多額の利益を得たのである。

世の中には資本金が多い会社をほしがる人も多い。

私が経営する「保証人提供屋」では、やって来るお客からいろいろな相談も受けるのだが、ある外国人は、なんと四〇〇〇万円の残高証明を必要としていた。四〇〇〇万円といえば手数料だけで一六〇万円となる上客である。私が受けたいのは山々だったが、四〇〇〇万円の現金がない。私は、この「残高証明屋」を創業した浜中に、残高証明を依頼することにした。

もちろん「残高証明屋」という看板ではなく「ビジネス〇〇〇」という屋号で営業をしているし、表向きの広告は会社設立のサポートやビジネスコンサルタント業ということだ。

私は新宿の鈴木の店に出向き、手数料三パーセントでやってもらった。一二〇万円を彼に支払い、私の収入は四〇万円ということになる。

ゼロリスクのためのテクニック

この商売をもう少し説明しよう。

広告を打って、一カ月に三名、資本金一〇〇〇万円の株式会社を希望するお客があったとする。その利益は一二〇万円、年間で一四四〇万円という計算になる。

広告費に年間二四〇万円使用しても、一〇〇〇万円の元手がたった一年で一二〇〇万円にも膨れ上がる。一般金融業のような焦げ付きや貸し倒れなどのリスクは一切ない。

とはいっても、たとえ数日間とはいえ、何の担保も取らずに貸し付けるわけなので、ゼロリスクにするノウハウは必要だ。この方法で新宿の彼は三〇〇〇万円の元手を数億にまで成長させたのだ。

彼のテクニックは、自分のメインバンクでしか残高証明を発行しないことだ。安全に安全を重ねている。彼は一億円の資本金の会社も手がけている。彼の安全確保は完璧であり、まったく非の打ち所がない。

たとえば資本金貸付のやり方であるが、依頼を受けた法人設立に際しては、彼の会社の従業員を発起人とし、かつ代表取締役にも登記する。依頼者と彼の従業員とをダブルで代表取締役登記の手続きをして銀行に対処している。もちろん会社設立が完了して資本金を引き出したあとで、彼の従業員は代表取締役から退任という手続きをとる。

また、法人印も彼の知り合いに作成依頼するので、登記費用、印鑑費用、資本金貸付費用と何重にも収入を得ている。個人的な残高証明では、無論、新規口座、新規印鑑を使用している。

言うまでもないが、その印鑑も彼の知り合いに新規に依頼した印鑑である。残高証明を引き出すまでは、新規に開設した口座も印鑑もしっかりと確保してあるので、まちがってもお客が預金を引き出してトンズラ、などということにはならない。

私が悪用を推理しても、まったく不可能といえる安全策を彼は講じている。

鈴木明夫の表の顔、それは経営コンサルタントだ。裏の顔は残高証明屋であり、悪徳印鑑屋でもある。

法人設立に必要な印鑑は、銀行印、会社印、会社名スタンプの三点セットで、通常の価格は三万~一〇万円と高級品が多い。彼は定価をお客に請求し、裏では安い印鑑セットを仕入れ豪華なケースに入れている。それ以外にも、司法書士の手数料がある。鈴木は、老いぼれた、営業センスのない司法書士を安く雇用していた。まったく、豪華な応接室の調度品からは想像もつかない「がめつさ」である。

この商売はやり方を間違えれば違法性が出る。それは、「出資法違反」と「見せ金の禁止」という二つの問題だ。ところが鈴木の場合、法人登記では発起人となり、かつダブル代表取締役という方法で対処している。自ら法人の発起人となり、代表取締役登記など面倒な手続きを踏むことにより、これらの問題を解決しているのだ。

そこには出資法違反も見せ金禁止違反も何も形式上は違法性は存在しない。

正に法人の発起人であり、代表取締役という正規手順があるだけだ。もちろん司法書士手数料は増大するが、それをも老司法書士を安い給与で雇い対処している。

この商売を東京で開始するには、彼以上の資金を持たねば参入しても勝利も不可能だろう。だが驚くべきことに、大阪、名古屋、福岡、その他の地方都市でもまだ開始している奴はいない。これぞ筆者がお勧めする「最新、最強のすきま商売」である。

すきま商売発想法その23

一見危険だがまったく安全な商売もある

この「残高証明屋」は魅力だが、ある程度の資本が必要であり、小資本の人間には無理である。しかし元金の減らないビジネスの王様といえる商売だ。

第七章　ブランドミニショップ屋

依頼物件はたったの三坪

無店舗商売が一時脚光を浴びた。

「これぞすきま商売！」というわけだが、無店舗商売はお客から考えればリスクが大きく、信用度が低いので、今では人気が下降している。

「それでは！」というので、本章では、無店舗ではなくれっきとしたショップなのに極力少ない投下資金で開始できる「ミニショップ屋」をご紹介しよう。つまりは、ミニ店舗を「ウリ」にした経営方法である。

ミニ店舗といえば、代表的なのが屋台だが、今では集合して屋台村にまで進化した歴史を考えると、たかが屋台といって、あなどれない。

もちろん、これからお話する商売は、ミニ店舗ということだけをウリにしているわけではない。二〇〇〇年になった現在でも「ミニショップ屋」を紹介するのには、当然それなりのわけがある。

すきま商売発想法その24
時代は廻り、ニーズも廻る

ミニショップに目をつけた男、西脇友宏、四二歳。彼は、一九九七年、東京の私の店にやってきた。

「関東進出で店を物色しているのだが、関東在住の保証人が必要で……」ということであった。

不動産屋というのは面白いもので、関東の物件には関東在住の保証人を求めたがる。関西在住の保証人では、どうも敬遠されるのが通常だ。

この理由は事故や責任要求時の対処のしやすさ、また自分達の審査を容易にするという理由があるだろう。

そんなわけで関西在住の彼が来店した。ワケありのお客が多いのではと思われがちな「保証人提供屋」であるが、彼などは関西でしっかりした事業をしている経営者なのだから何の問題もない。

保証人提供屋商売に関心を持った人でも、「お客はどんな人が多いの?」とよく質問される。

私が、「普通の人がほとんどですよ」と言ってもなかなか信用してもらえない。

フジテレビの美人ディレクターNさんも同じ質問をしてきた。

そこで、「銀行員もいますし、教師もいますよ」と答えるのだが、ピンとはこないらしい。お客は風俗嬢や逃亡者、失踪者が多いと言えばたぶん納得してくれるのだろうが、実はお客の大半がまじめなサラリーマンや経営者なのである。

それでもN美人ディレクターさんは信用しないので、私が顧客データを検索し、「フジテレビ」と入力すると、該当者のリストが検索された。

一名ではあるが、Nさんの上司か同僚である。

フジテレビ勤務の顧客が検索されたことで、彼女もやっと納得したようだった。

普通の客が多いと口で説明しても、銀行員がお客にいますよと言っても信用されないが、どうも自分と同じ会社や組織の人が利用しているとなると、不思議と理解されやすいのだ。

この西脇という客も、関西で堅実経営をしているまじめな経営者だ。背広をビシッと決め、センスのいいネクタイをした、上品な外見の客であった。

「どのような店舗を探しておられるのですか?」

私も関西から上京しており、ホテル住まいでの物件探しの大変さを知っていたので、親身になって物件を探す協力をしようと考えていた。

「実は……、三坪ほどの……」

「ええ！　たった三坪⁉」

私の頭はその瞬間空白になった。私はこういう一瞬が好きだ。

自分の常識を越えたところに、面白いビジネスのアイデアやヒントが隠れているものだ。

西脇の場合もそうだった。私はもう一度彼が記入した登録申請書を見直し、彼が持参した、
現在経営しているという郊外型大型カレーショップのパンフレットを見直した。

どうみても建坪五〇坪以上の店構えで、優に二〇台は駐車できるであろうパーキングスペー
スを備えた立派な店であった。

「あの……、関西ではこのようなお店を経営されているのですよネェ？」

「ええ、そうです。でも他にホットドッグのミニショップもやっていまして、東京ではそちら
の方の店舗を……」

「ホットドッグ？」

「そうです。でもただのホットドッグではないんですが……」

「？？？」

私はまたまた混乱した。ホットドッグなんてものは「ホットドッグ」であり、何か特別なそ
れを想像もできなかった。

ましてて三坪である。三坪といえば、ちょうど私の事務所、この狭苦しいといつも感じている

空間の三分の一である。

まあ、よくいえば超物質的、超現実的空間としての「すきま商売」ではある。

また、私の悪い虫が騒ぎ出した。何でも興味を持ってしまう例の癖なのだが、彼はどう見ても真剣である。

「何かある……」と直感し、「まあ、ここではなんです。近くに静かな喫茶店がありますからそこでゆっくり……」と言って場所を移した。

独自性が命の「すきま商売」

喫茶店での彼の話を要約すれば、パンフレットの大型カレーショップには五〇〇〇万円も投資したという。フランチャイズとしての出店で、厨房設備に七〇〇万円、内装に一五〇〇万円を投入した店だがほとんど利益がないという。

その前にはピザ配達もやっていたらしい。まあ、食べ物商売が好きな人である。

「ピザ屋は儲かったでしょう？」

「いいえ、そっちはバイトを一〇〇名も雇っていたのですが、毎日の集計が全然合わないことや事故が多くて、面倒なんで二年で止めちゃいました」

「今のカレーショップはどうなんです？」

「フランチャイズというのは本当にウソばっかりで、仕入れ率四〇パーセントとか宣伝には謳っていたのに実際にはロスが多くて……。それに人件費も当初試算とは違っていて……」

世間でよく聞くフランチャイズクレームのオンパレードであった。

そもそもフランチャイズ制度なんてものは、大資産家が考え出したパック卸販売であり、先行部隊は別として、有名になった後では、末端組織や店舗経営者が儲かるはずのない制度である。

街にはラーメン屋、弁当屋から一〇〇円ショップまでフランチャイズが溢れているご時世だが、私から言わせてもらえば、ラーメン屋をやるにしても自分独自のスープや麺で勝負する奴の方が好きである。

スープから麺の味まですべてを他人任せでやろうとする奴は、考え方の根幹から許せない。そんな奴らが商売を開始したって結局ダメになると私は考えている。

「ええ、本当にそうでした。私の考えが間違っていたようで……。そこで考えたんです。結局問題は初期投資額と人件費、それに独自性が大切だって」

「ホーッ、いいところに気がつかれたんですね。……それでホットドッグ屋を？」

「ええ、最初は軽い気持ちで出店したんです。カレーショップと正反対のミニショップ、それも三坪程度にして、ワンマンオペレート式厨房設備も考えたりしまして……。すべてを一人でこなせる店を作ったんです」

「どれぐらいの投資額で……」

「約五〇〇万円でできたんです。それが予想外の収益率でして……。はっきり言ってこの五〇〇万円を投資したカレーショップよりいいんです」

「カレーショップの方は金利から店舗維持費用、人件費を含めるとトントンですよね。では、そのホットドッグ屋は毎月どれぐらいの売り上げと利益なんですか？」

「売り上げは、額は二五〇万円程度なんですが、純益が一一〇万円もありまして……」

「四四パーセントの純利益率か……それで人件費の方は？」

「若い女の子一人でやらせています。時給一〇〇〇円で」

「仕入れ原価はどれぐらいなんですか？」

「約三〇パーセントです」

「それでは普通のホットドッグ屋との違いはどこにあるんです？」

「パテント料が三パーセントという契約なんです。そこが特徴でしょうか」

「パテント料？」

またまた私は理解不能の状態になった。

ホットドッグが「ブランド商品」

この西脇の発言は実に面白い。

パテント料というのは、いうなれば「ブランド料」である。

ホットドッグにブランドをドッキングさせたというわけで、「ブランド・ホットドッグ」ということだ。ホットドッグにブランドが必要なのか否かは判断を要するところだが、彼はそれを実行したらしい。

すきま商売発想法その25
安い商品にブランドをドッキング

読者の方も想像してほしい。ホットドッグにつけるブランドとは何か、を。解答は数行後にするので、テストのつもりで考えていただきたい。

「それで、そのミニショップを今は何店舗やっているのですか?」

「まだ二店舗ですが、三店舗目を東京でやってみたくて……」

「フーン、そうですか……。東京ではブランド付きホットドッグは別に流行らないと思いますよ。その展開は地方のほうが良いと感じますが……」

「やはりそう感じられますか……」

「えっ、ではあなたは何で東京に？」

「夢は東京での出店なんですが、私もまずは地方で展開すべきかどうか、迷っていたんです」

と小さくポツリ。

彼の言うブランドとは、いわゆる「料理の鉄人」という有名な料理人であった。鉄人と呼ばれる料理人に頼み開発してもらったホットドッグに、その料理人の顔のイラストを付け、「鉄人のホットドッグ」として売っているのだそうだ。

その料理人にパテント契約料三〇〇万円、ホットドッグ一本につき三パーセントのブランド使用料を支払うというシステムのミニショップのホットドッグ屋である。

「ヘエー、よく三〇〇万円で契約できましたネ」

「友人の紹介だったんです。本当にラッキーでした」

「それでも東京ではやはり……それは地方向きの商売でしょうネ」

すきま商売発想法その26
地方だけに向く商売もある

あれから三年、この本の執筆中、掲載の許可をもらおうと彼に連絡してみた。

「イヤ、お久しぶりです。佐藤さんのアドバイスで東京出店は止めたんですが、今はミニショップでカレーもやっています！」という元気な声。

「あの大型カレーショップはどうされたんですか？」

「人のフランチャイズなんてもうこりごりです。あれ、売っちゃいました。その資金でカレーのミニショップも展開できたんですが……。もちろんホットドッグも順調に展開できています」

「それはよかったですネ。新しく始められたカレーのミニショップのほうも特別なブランドで売り出しているのですか？」

「えっ、これも本に書かれるのですか？　そうですネ……まあ特別な方法は別に……」

さすがに彼も、本で発表するとなると今度は警戒されてしまった。

まあ、それだけ「すきま商売」を開発する創業者達は真剣であり、独自性が命と考えているわけだ。警戒するのも無理はない。ましてや本で発表するとなると、やはりそのノウハウは絶対に教えてはくれない。こちらで感じ、盗み取るしか方法はないのである。

私が盗み出した彼の新しい手法を少しだけご紹介しておこう。

三カ月ごとにブランド名を変更して使用していく、「季節型ブランドショップ」と読みとった。

それにつけても、ほとほと飲食商売が好きな御仁、それが西脇という男であった。

飲食業界はまさに「すきま商売探し」の激戦区となっている。

二〇〇〇年二月、私の本の読者で静岡県の女性から連絡が入った。

輸入開始に必要な保証人に関してだったが、ちょうど岡崎の代理店指導もあり、静岡で面談となった。

会ってみると、それはそれは美人というか上品な色気の女性というか、ちょっと前のアイドルで三浦理恵子という歌手がいたのだが、そのような感じのB子さん（三一歳）だった。

三浦理恵子という歌手はＣｏＣｏというアイドルグループの一人であり、実は私は大のファンでもあったのだが、別に私はロリコンではない（と思う）。

さて、彼女の話でまったく感心したことがある。

「ソフトクリームって種類をご存じですか？」と質問されたのである。

私は（バニラ、チョコレート、わさび、苺、サツマイモ、抹茶、……、）と一応思い出せる限りの種類を答えた。

「その種類を一店で販売している店ってご存じですか？」

クラクラするほど魅惑的に微笑む彼女から質問されてもまったく気持ちがよい。

そう言われれば、まったくアイスクリームと違って何種類も扱っている店を私は知らなかった。一店でせいぜい二~三種類といったところだろう。またソフトクリームを専門としての店も皆目知らないし見たこともなかった。

ふと頭によぎったのが最近、天城峠で食べた激辛のわさびソフトクリームだったが、その他はトント浮かばない。

「ムーん」と困っていると、彼女は微笑みながら「そういう店ってまだ無いんですよ」とここだけはなぜか強調した。

彼女の説明を要約すれば、彼女の計画とはカナダからイタリア原産の一二種類のソフトクリームエキスを輸入しミニショップ販売を、ということだった。

その一二種類のどれもが、まだ日本では製品化されていないらしく、一つの店で一二種類のソフトクリームを販売するチェーン展開を考えていた。

その後、保証人は彼女の知り合いになってもらったようで、連絡はなくなったのだが、飲食業界は正に「すき間商売」のせめぎ合いと感じた。まあ、あれほどの女性が販売するのだったら成功も間違いない。しかし、ブランド物のホットドッグや一二種類ものソフトクリーム屋を考える創業者達の努力には頭がさがった。

保証人提供屋の私などからは考えも及びつかないほどの超激戦区、それが飲食業界の「すきま商売」開発、獲得競争なのである。

第八章　国際不要品屋

お国事情が需要を決める

東京の大田区、京急線蒲田駅から羽田空港にかけて町工場が密集している一帯がある。ここは、二〇〇〇年になっても不況の真っただ中にある地域だが、ここにも「すきま商売」はあった。

二〇〇〇年三月には「貯まる女」、ちょと前では「みにくいアヒルの子」もっと昔の映画では「蒲田行進曲」の舞台となったのがちょうどこの一帯である。

これらの工場地域では、精密機器のパーツの製造を手がける工場が多く、技術的には高度で、職人技を必要とする部品がその大半を占めている。

ところが、日進月歩の技術に追いつけない古い製造部品は不良在庫となり、町工場の経営を圧迫している。

そこに目をつけた福田和也という男（五二歳）をご紹介しよう。この男も、私の会社にやってきた客の一人である。

彼は、元々その一角で町工場を営んでいたのだが、一九九六年に不況の影響で倒産して、無職の身となった。

当然自宅は担保に入っていたため引っ越しを余儀なくされ、安アパートに入居するための保証人を求めて来社したというわけだ。

福田によると、倒産理由は四〇〇〇万円もするドイツ製精密加工機械の導入が引き金となったらしい。

私は彼のまじめさに魅力を感じ、彼のほうも私の事務所に出入りするようになった。

そういった理由で、いつしか彼の情報を元に、私が提案したビジネスというのが、「国際不要品屋」である。

国際市場というのは面白いもので、私はあるガーナ人からそのヒントをつかんだ。

そのガーナ人、もちろんアフリカの黒人だが、彼は、「古いトヨタのエンジンを二〇台至急ほしい」と相談にやってきた。できればキャブレタータイプが良いという。

キャブレター(気化器)、その懐かしい言葉から、私はその黒人のビジネスに興味を持った。

また、あるミャンマー人が同じような相談に来社したこともある。

日本では古いゴミ扱いのようなパーツでも、彼らの国では必要とされる理由があるのだが、読者の方にその理由が想像できるだろうか?

理由は簡単。それは、それぞれのお国事情にある。

最新の技術で作られた部品では、現地の整備能力や修理能力が追い付かない。つまり、現地で修理可能な機械や部品に需要が発生するということ。

いたって明確な市場論理だが、日本人にはなかなか発想できない「すきま商売」でもある。

マンションの一室で国際ビジネス

この市場論理をヒントにして私が福田に提案したビジネスとは、大田区の町工場で大量在庫となっている旧式精密部品を集めて、それをインターネットで販売することであった。

町工場と言えばもともと少人数で経営しており、導入された加工機械はコンピュータ制御の最新機器でも、人に余裕はあまりない。

また、一社でインターネット市場に流す商品は少ないし、そのシステムを開発する気力も余裕も少ない工場が多い。

これらの町工場から不良在庫を集め、一括してインターネット広告を出し、集中管理・受注体制を整えればビジネスは可能である。

ビジネスと言っても、英語のしゃべれるインターネット好きな人間が一人いれば開始できる国際ビジネスでもある。

実はこの福田は、その両方の能力を持っていたので、私はこれを彼に提案した。

各工場には「開始援助金一〇万円、維持支援金毎月三万円であなたの不良在庫をインターネットで販売します！　受注問い合わせにも管理センターで対応！」とかいったキャッチフレーズで参加者を募集した。

これに約二〇社が同意し、彼はこの「すきま商売」を開始した。

インターネットを通じて世界中に市場が広がるこのビジネスは、彼一人でできる商売であり、しかも事務所は家賃六万円のマンションの一室で可能なのだ。

必要経費はサーバーの使用料だけで、設備も部品写真を取り込めるスキャナー付きのパソコンだけ、作業内容といえば毎回商品を変更する手間ぐらいである。

一応英語の電話対応となっているが、Ｅメールでの問い合わせが主となっている。

発注があれば、町工場から販売に対して比例報酬もあり、正に最低資金で開始できた「すきま商売」である。今では、アルバイトながら従業員を一人雇う身分だ。

彼の商売は不良在庫、町工場経営者的発想、分離体質、国際市場への参入といった多くの「すきま」を複合してカバーする「超すきま商売」である。

ところで、同じように現地のニーズを読み取ったように見えても、これで大損したスリランカ人もいる。

そのスリランカ人は現地のリクエストに応え、大量の中古自動車を日本で買い付けスリランカに輸出したのだが、買い付けに時間を費やしたため、それらがスリランカの港に入港したときには、国の法律が変わっていた。

七年以上前に製造された中古自動車の輸入禁止令というものが施行されていたのだ。

結局、苦労して仕入れた大量の中古自動車は膨大な倉庫管理費を支払った後、スクラップとして処分され、彼は大損した。

日本でスクラップ同然だった自動車はスリランカで文字通りスクラップとなったわけだ。

スリランカ人が自国相手に商売をしても失敗する場合もあるわけで、国際間の商売にはこのような危険性も存在することを付け加えておこう。

第九章　すきま商売発想法集

すきま商売発想法　その1～5

その1　一〇〇人が一〇〇人反対する商売もある
その2　裏の裏にこそ新商売のヒントがある
その3　飲み屋で引き出せ、すきま商売テク
その4　マニアを狙え
その5　色と高齢者の金をドッキング

「この商売は絶対にいける」とあなたが考え、親族や友人に相談したとしよう。みんなが賛成する商売はとっくに時代遅れ、半分が賛成するビジネスではもう遅い。

本書では、あえて一〇〇人が一〇〇人反対する商売としているが、一〇〇〇人のうち九九九人の反対があっても、ただ一人でもひらめきを感じ、共感、賛同してくれる相談者がいたとしたら、あなたはその商売を深く検討する方がよい。

そこに「新すきま商売」の芽が潜んでいるのだ。

年間五万円の保険料で無制限補償を実行している損保業界などは、まともに相談すれば一万人が一万人反対する商売でもあろう。

「あなた、なに狂ってるの！　たった五万円もらうだけよ！　五万円もらって、どうして無限補償ができるのよ！　そんな商売やっていけるわけないでしょ！」

まさにそのとおりだ。考えてみても、広告を出して、苦労して一〇〇人の顧客を獲得して、やっと収入は五〇〇万円しかないのである。

事務経費、営業費も投入しなければならないので、利益は二〇〇万円程度であろう。

もし、一人でも事故が起これば、直ちに破産。

そんな超危険な商売など、だれもが反対するし、あなたもそんなビジネスには手は出さないはずだ。

ところが、今も損保業界は生き残っているのも現実である。

まったく、このビジネスを考え出したロイドには敬服する。凡人なら、想像さえつかない超飛んでる商売である。

人がお金を使う時、その動機には注目すべきだ。そこに「新すきま商売」発見の秘密が隠されている。

その動機の一つは「死」、もう一つは「色」であろう。

新興宗教に何億円もつぎ込む輩、寄付する老人も多い。必死で蓄えた財産を「死」と直面する年代には、一気に吐き出す。

まあ、宗教や寄付などに吐き出す老人は少数だろうが、そこに色がつくと、そのパーセントは急上昇する。

私でも、たぶんそうである。

もし私が一〇億円持っていたとしよう。現世への残された欲望と葛藤する老境で、「若い可愛い子ちゃんだらけのハーレム養老院が完成しました。あなたの望みのまま、ご自由にハーレム世界を堪能できます。その費用は完全葬儀パックで五億円です！」なんて広告が出ようものなら、そこで死にたいと思ってしまうだろう。

パンフレットにアイドル級の可愛い写真がズラリ並んでいようものなら、「ここだ！　ここにしよう！　お金なんて持って死ねるわけではない……」とか考え、ポンと五億円でも払うだろう。

昔、霊感商法か何かで、若いセールスレディの親身な訪問に感激し、コツコツと貯めていた有り金をはたいた多くの老人達。

しかし、私がセールスレディを送りこむ立場なら、絶対に金持ちをターゲットにする。狙いは一緒だが、その方が豪華だし、利益も大きい。

心理学者アブラハム・マズローの人間の欲求段階は、「すきま商売」を考え出すうえで研究すべきである。
ここにマズローの人間の欲求段階をご紹介しておこう。
この図を眺めていれば、何か「新商売へのヒント」があなたにもひらめくはずである。

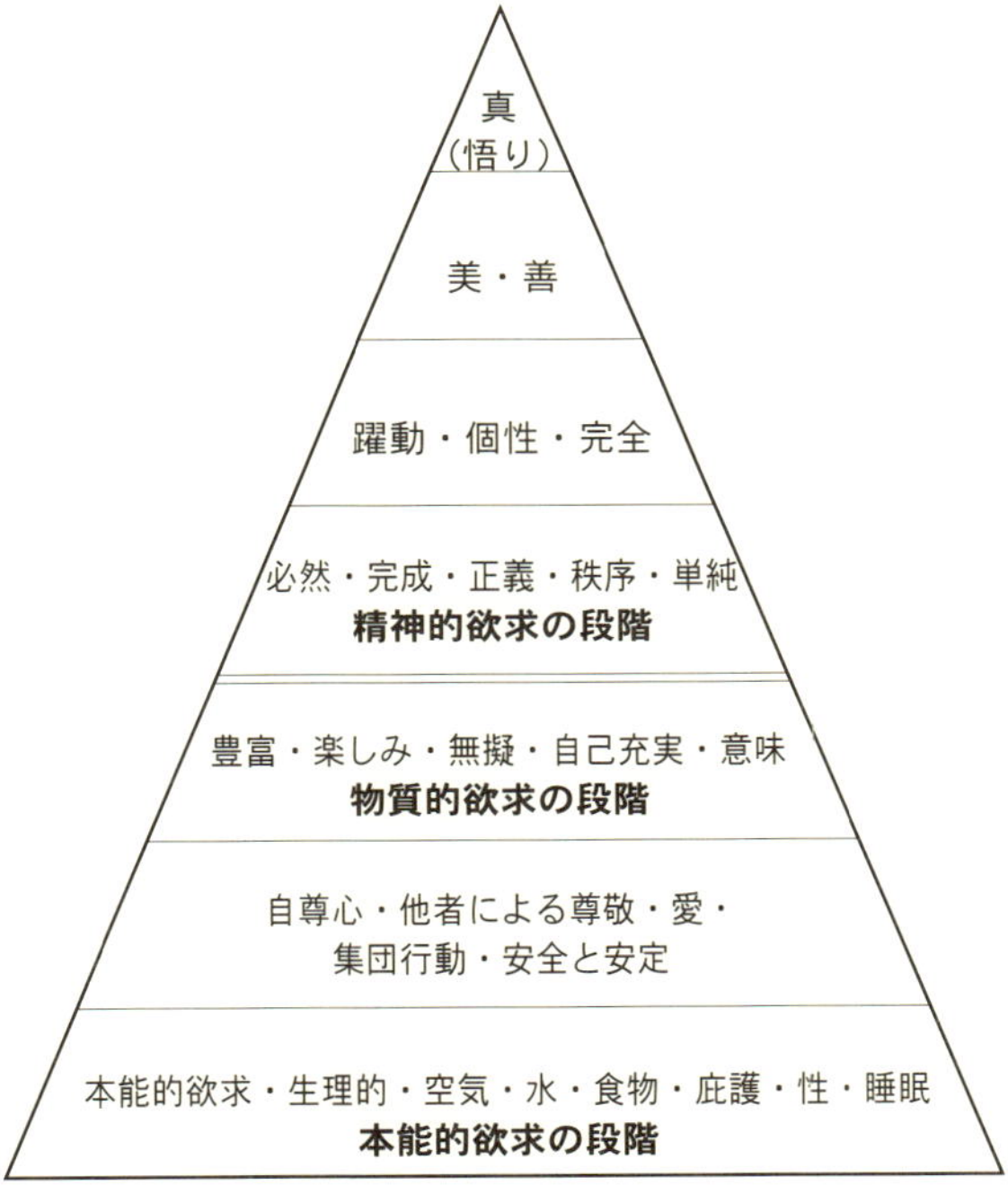

マズローの「人間欲求段階」

すきま商売発想法　その6〜10

その6　香りとＢＧＭに注意せよ
その7　新製品とリサイクルした中古品を同時販売
その8　合法と違法の狭間に儲けがある
その9　正規商売とすきま商売をミックスさせる
その10　雇用は学生身分の外国人をねらえ

日光は鬼怒川温泉へ向かう街道沿いには、その日の宿を紹介する多くの旅館紹介所がお客を待っている。

ところが最近、大手のコンビニエンスストアでも、旅館、ホテルの当日予約ができるようになった。しかも、こちらは格安での販売だ。

これらの二つは、いずれも、ズバリ「中古品販売」といえる。

ホテル、旅館の客室販売は、当然事前に大量の販売をおこなっている。旅行代理店などはパックで購入し、ユーザーに販売して利益を上げているのだが、これはホテルから言えば新品の商品（客室）販売である。

ところが、当日になっても予約や販売が終わっていない客室は不良在庫、つまり中古扱いとなる。この客室をコンビニエンスストアや、旅館案内所で扱っているのだ。

客室が、新品の商品としてすべて販売されていれば、当日になってホテルに駆け込んでも、「あいにく予約で満室で……」などの断りを受けることになる。

しかし、あえて事前に予約をせずに、宿泊当日にコンビニエンスストアで簡単に確保するビジネスマンもいる。

もちろんその価格は激安で、頭の良いビジネスマンならとっくに使っている手だ。普通なら一万円する客室が、四〇〇〇円という場合だってある。

このコンビニエンスストアの狙いは「その7」、つまり新商品ばかり販売していると考えられていたホテルや旅館予約とコンピュータを直結した当日予約システムの開発にあった。

当日空室情報を仕入れ、中古商品といえる客室を激安で販売しているのである。

これなどは「すきま」を狙った見事な戦略である。

商売やビジネスにおいて、人材は貴重な戦力であり、また重荷ともなるのだが、学生身分の外国人雇用は活用によっては面白く、強い戦力となる。

我々は外国人雇用といえば中国人やフィリピン人などと考えてしまうのだが、私の経験から言えば熱帯系外国人は雇用しないほうがよい。できれば温暖または寒暖地域の外国人がよいだろう。

同じ日本人であっても「〇〇タイム」、つまり沖縄時間とか青森時間などの影響がビジネスセンスに大きく影響している。

それが熱帯系外国人の多くに染みついており、経営側の頭痛の種となってくる。

日系三世が多いブラジルもその傾向にある。ところが同じ熱帯温暖系でも、ミャンマー、ネパールの人達は実にまじめだ。

宗教ではイスラム系、ユダヤ系は注意が必要で、仏教系、キリスト教系の外国人のほうが日本人には適しているだろう。

彼らの中には高い能力を持つ者も多く、日本人雇用と比較すれば格段に安い賃金でその能力を確保できる。

また、もう一つの利点として、彼らを一人でも雇用するとその後の求人が不要になってくるということが挙げられる。つまり求人広告や求人への時間的のロスがなくなるのだ。

あなたの会社や店が信頼されれば、彼らは次々と友人を紹介してくれる。最初に高い能力の人を選べば、その後には同じレベルの能力を自動的に確保できるのだ。

この「すきま労働力」は検討したほうがよいだろう。

外国人のこうした地域性を考慮しないと、失敗例も多くなる。

ある経営者が、「南米系の日系人は本当にひどい。主張は絶対に譲らず、仕事はのろい……」と嘆いて私に相談にやってきた。

この経営者の場合、安く雇用できるというメリットのみに関心があり、面接時に能力重視でなかった点に失敗の原因があったのだが、本人は愚痴るばかりであった。

あなたのビジネスに必要な能力は何かを十分に検討し、外国人学生を雇用すれば素晴らしい結果も得られるのだが、前述の経営者のような雇用では、失敗は目に見えている。

ここで、外国人雇用の成功例を紹介しよう。

インターネットのホームページ製作を激安で請け負っている皆川という女性がいる。

彼女は、従業員として日本人女性と外国人二名の計三名を使って営業している。外国人はイスラエルとトルコの学生。日本人もデザインが好きで、ホームページ作りが大好きな学生である。

二人の外国人学生のコンピュータやインターネット能力は非常に高く、しかも人件費は時給八〇〇円である。

東京で時給八〇〇円といえば、アルバイトの女子高生程度。それで月給五〇万円を超えるような専門家以上の能力を発揮し、激安ホームページ製作を可能にしている。

大手に発注すれば六〇万円レベルのホームページなどを一〇万円程度で受注しているのだか

ら、その噂でお客はひっきりなしという状況である。

彼ら外国人学生には一週間に一五時間以内のアルバイト労働が認められている。ところが実際の彼らは、アパートに帰った後でも好きなホームページ制作作業をやっている。経営者にとって彼らはまさに金の卵、黄金の労働力なのだ。

すきま商売発想法　その11〜15

その11　外国人相手は全部キャッシュ、前金は半金
その12　泥縄の勉強で乗り切れ
その13　超短期な商売もある
その14　フリーダイヤルを活用する
その15　無店舗で成功する方法もある

勉強は泥縄に限る。実際講習などで何時間勉強しても、現場での一体験のほうが確実に身に付く。英会話などはその最たるものだ。

超短期商売も泥縄的要素が多い。ヒットや流行にあやかる商売、つまり「二匹目のドジョウ」

に注目する低脳、短絡的な輩が超短期商売に眼をつけたがる。

私としては、このような輩が大嫌いである。やはり商売の醍醐味は新規ビジネスの発掘、発見にあると考えている。

韓国エステが流行れば韓国エステを、漫画喫茶が流行れば漫画喫茶を始める輩はどうもなじめない。商売としては安全パイなのだろうが、創業のプライドなどまったく感じられない。

『買ってはいけない』という本が注目を集めたとたん、『買ってはいけないは買ってはいけない』『買ってもいい』など、ヒット商品に寄生するダニの商品が後を絶たない。

本書は、まったくこの寄生虫的発想とは一八〇度違う新商売への発想を紹介している。

もちろん、あなたもプライド高き志を持っているからこそ、本書を購入されたのだろう。

すきま商売発想法　その16〜20

その16　常識とはかけ離れた低リスク商売もある

その17　常識的な敵を最大の味方にする商売もある

その18　浮浪者が社長

その19　すきま商売成功者からヒントを得る

その20　手持ち資金ゼロでも道はある

天敵はその文字が示す通り「天があたえた敵」である。

あなたが商売を営む上で天敵とも思える障害が現れた時、それは天があなたに、どうしても避けられない教材としての役割を担って与えたものである。

天が与えるからには必ず目的がある。その目的をじっくり検討した時、「天敵」が最大の後援者に変化する。

つまり、常識という呪縛から自由になった時、新発想は誕生する。

「浮浪者が社長」という発想もそうだ。社長なんて地位は、裏を返せば浮浪者となんら変わらない。

浮浪者を社長にする発想は、常識という呪縛があなたを拘束している間には芽生えないだろう。

この発想をもっと変化させれば、今社長であるあなたが苦しんでいるのも、社長という地位に固守しているから生じている煩悩なのかもしれない。

今、社長のあなたが「私は浮浪者である」と開き直った時、新しい展開や展望が開けるチャンスが生まれてくる。

「その19」の、すきま商売成功者からのヒントを得るというのは非常に重要だ。

しかし、「すきま商売創業者」というのは、非常にプライドが高く、また特殊な発想法をいつも求め、考えている人達でもある。

「教えてください」と訪問しても、まずは門前払いだろう。

話す機会があったとしても、彼らは聞き手のレベルでしっかりガードを固めているだろうし、またヒントさえ漏らしてはくれない場合も多い。

つまり「盗み取る」しか方法はない。

本書では、彼らから私が盗み出したヒントや発想法を紹介してきた。

たとえばあなたが「AVビデオ屋」の商売に興味を持ったとしよう。

本書で彼の連絡先を紹介すれば、あなたの希望はかなえられるだろうが、本書では一切そうしたことをしていない。

その理由は「紹介できない」からである。

彼らは共通の価値観を持っており、新商売へのアイデアを「宝物」と考えている。それを他人に漏らすことは、まずありえない。結局「盗み取る」しか方法はないのだ。

つまり、企業家や商売向け雑誌に紹介されている「これは絶対儲かる商売!」という謳い文句は、「絶対に儲かりません」と同意語と理解してもらいたい。

彼ら「すきま商売創業者達」は、新アイデアなど絶対に漏らしてはくれないし、雑誌での紹介や募集行為なども完全に無視した人達だと考えて欲しい。

この人達は共通の価値観を持っていると申し上げたが、実はそこが狙い目でもある。

彼らは新商売の創業能力は格段に優れているが、実際のビジネス展開、つまり商売の拡大には興味の薄い人達でもある。

ここに最大の弱点とヒントがある。「すきま商売の創業者」が考え出したアイデアから、大ビジネスへの可能性が潜んでいるのだ。

本書では、その大ビジネス展開を得意とするあなたに「宝の山、ヒント集」をご紹介していると考えていただきたい。

実際、私も「新すきま商売」へのヒントや奥義を探り出すことが得意な人間であり、それを本として発表することに意義を感じている人間でもある。

もうお気づきと思うが、私の弱点も彼らと同じである。

そこであなたにチャンスが巡ってくる。あなたは本書から新ビッグビジネスへのヒントを盗み出せばよいのだ。本書を精読した読者は、きっとあなたなりのひらめきがあったはずだ。

資金の豊富な人も少ない人も、それなりに何かを感じていただけたと信じる。

そのひらめきを大切にし、それをあなたの商売、新ビジネスにご活用いただければ幸いである。

すきま商売発想法　その21〜26

その21　考えても無駄、実行あるのみ
その22　無資格・無経験でもやれる商売
その23　一見危険だがまったく安全な商売もある
その24　時代は廻り、ニーズも廻る
その25　安い商品にブランドをドッキング
その26　地方だけに向く商売もある

すきま商売の創業者たちは新アイデアを考え、直ちに実行して自分のアイデアの正しさを証明している。

ここにご注目いただきたい。彼らは「直ちに実行に移っている」のだ。

まさに超ポジィティブ発想の人達といえる。ポジィティブ思考がネガティブより優れているのはここにある。

考え抜いて結論を出したら、ただちに実行する。一切の不安や計算は、実行に移した直後から抹消している。実行に移したその瞬間から、成功しか考えていない。

そこに迷いなどは一切なく、行動あるのみである。ここが最も重要で、多くの凡人はこれができない。やっと決断し、スタートさせても迷いや不安が生じるのが凡人である。

彼らはスタートした直後から、一切迷わず、ただゴールのみ見つめ一心に走る。迷わない人達、迷う心を生じさせない人達といえる。これを不動心という。

成功の法則を最後にご紹介する。

迷う心が生じた時、失敗の芽が成長するのである。あなたの過去の失敗は、すべてあなたの心から生じている。

これは成功への法則であり、万人に共通する法則と受け止めて欲しい。

「不動心」＝「成功」

「迷う心」＝「失敗」

人を疑うあなたの心が「裏切り者」を生産し、「失敗への不安や疑惑」をあなたが感じた瞬間に「失敗したあなた」が芽生えるのである。

この法則を、私は彼らから「盗み取った」。

本書「超常ビジネス」は私が盗み取ったすべてをご紹介してきた。
さあ、あなたは私から何を盗み取っただろう……。

おわりに

新商売、儲かる商売への欲望は誰でも持っている。またＩＱ二〇〇以上の人間や、多くの経営者、学者達も必死に追求している課題でもあろう。

その六〇億人の頭脳達を超越した新しい商売、「すきま商売」を考え出すには、普通の知識や思考能力ではもう不可能な時代だろう。

最初に紹介したＡＶビデオ販売屋の石原は、私の前書で紹介した老バンドマンの失敗談から新しい「すきま商売」を見つけだしている。つまり巷に溢れる成功話からでないところからヒントを得ている。

ブランドミニショップを考え出した西脇の場合、フランチャイズ商売の失敗から、独自性の重要性を学び取り、ブランドホットドッグという発想を生み出した。

国際不要品屋は、予想外なもの、不要と感じていたり今まで捨てていた物を求める人たちの動きに敏感に反応したことから生まれた「すきま商売」である。

必要なのは、現場を元にした実務体験の経験値と柔軟な思考と知識、それにプラスされる超越した右脳的頭脳の複合。それらによって、新しい「すきま商売」は生み出されていくだろう。

本書では、ＡＶビデオ販売屋から始まり、外国人なんでも相談屋、ビザ屋、保証人提供屋、連帯保証引受屋、残高証明屋、ブランドミニショップ屋、国際不要品屋まで紹介した。

しかし、これらはすでに、最新の「すきま商売」情報とはいえない。

私は、本書をヒントにして、誰かが考えた「すきま商売」ではなく、あなたが考えた、「新しい商売」を始めていただきたいと思っている。

「新しい超常ビジネス」を生み出す発想法は、実はあなたの経験の中にある。

「新しいすきま商売」は、あなたの多くの経験に潜む「すきま」と、経営者、経済学者達の頭脳の「すきま」を複合したとき、生まれるチャンスがあると確信している。

今まで見逃してきた、これまでの発想の外にある、まさに「超常的発想」を駆使して、読者が「新しいすきま商売」を生み出すことを心より願っている。

二〇〇〇年　四月

著者

7. Renewal

The guarantee for a guarantor should be renewed every two years. Renewal is possible at 50% of the original contract. However, if the renewal period has expired, this discount will not be applied.

8. The Account with the Bank

For any payment to us, please make a bank transfer to the following bank account:

Account Holder :
Bank :
Branch :
Account Type :
Account Number :

9. Business Hours and How to get to our office

Business Hours : **10:00 – 18:00 7days a week**
Address :

Tel : **Fax :**

various kinds of assistance to all of its members.

4. Additional Services

Although JGA provides Japanese guarantors, most foreigners have given up in their search for an apartment without concluding a lease contract with a real estate agency before presenting themselves at JGA. This is due to the harsh response of Japanese real estate agencies. In addition, the fee for a deposit, key money, real estate agency's processing fee, prepayment of the rent, fire and damage insurance, etc. shocks many people.
In general, a sum equal to six times the monthly rent is required when the lease contract is concluded. In the instance of concluding a lease contract for an apartment with a monthly rent of 100,000 yen, more than 600,000 yen would be needed. Here is the explanation for why a sum six times the monthly rent is needed.
In Japan, the monthly rent is used as the basis for the key money which is two months' rent; the deposit is also two months' rent; the real estate agency's processing fee is one month's rent plus consumption tax; and one month's rent should be prepaid - this totals six months' rent. Adding to it, fire and damage insurance or about 20,000 yen, and in the case of a contract concluded after the 15th of the month, the rent on the prorated daily basis as well as prepayment for the following month are required. Although recently apartments have appeared requiring only a small key money payment, this is ultimately a discount for inconvenient or unpopular locations; and in the central Kansai area, it is almost always necessary to prepare three to ten months' rent for another deposit money for security. The amount of the deposit for security depends on owner's consideration.
JGA will negotiate with the real estate agency for the amount of key money and rent, and will act as a representative in the contract at a small charge. The guarantor charge which is the same as that for Japanese members, is one month's rent for each 12-month period for providing a guarantor.

5. Service Fees

Please refer to the separate price sheet which shows the major services and fees.

6. Cancellation of a request

JGA immediately begins action on requests from the members, and exerts the utmost efforts until reaching conclusion on the request. However, in the event that a member cancels his request, we still charge the entire fee. The basic price structure is made up of a starting payment and remuneration for successful completion of the request.
The starting payment will not be refunded, and the remuneration for successful completion will be paid upon successfully concluding the request. However, in the event that the member unilaterally cancels, he will be billed for all expenses incurred up to that point.
If this sum exceeds the amount of the starting payment, he will be billed for the remaining amount.

②外国人顧客用営業案内

Introduction

As you know, among foreigners now living in Japan, many find this to be a wonderful country, whereas many others feel it to be an extremely difficult place to live..

Japan Guarantor Association (JGA), operated on a membership basis, has been inaugurated in order to provide timely and accurate information as a means to support those foreigners who find living in Japan difficult, thereby offering a measure of usefulness and help.
JGA's daily operations will involve conforming with and responding to the needs and requests of its members.

Explanation

1. Registration

Although JGA is operated on a membership basis, no entry fee or monthly membership fee is required.
In order to join, you pay only a 10,000 yen registration fee. Two photos and your passport will be needed. The membership period is five years and every type of support and service begins upon registration. A membership card will be issued to those members who so desire.

2. Services

With over one hundred different nationalities, the divergence and variety of requests that JGA responds to make it difficult to explain our services in one word. Here is an introduction to some of the things that our members have requested:
Requiring a housing guarantor, an office contract and a certificate of balance, obtaining a work visa, establishing a company, obtaining unpaid wages from a company, purchasing inexpensive real estate, obtaining a car loan, help in obtaining sufficient capital for establishing a company, etc.
JGA receives requests for all types of situations that come with living in Japan.
The staff at JGA exerts its fullest energies, trying hard to resolve the requests that it receives.
Members should feel free to consult about any questions or problems they may have.

3. Japan Guarantor Association (JGA)

JGA is involved in the business of credit guarantees, and gives a guarantor assistance for both Japanese and foreigners.
Although it surprises many of our foreign members, searching for a guarantor is also a headache for Japanese as well. Especially in urban cities like Tokyo where many Japanese are living by themselves, away from their parents, when they sign an apartment lease contract or begin work, a guarantor is always required. Also when they make a credit application from a financial institution. Since this is a serious problem even for Japanese, it is easy to understand that this problem is the biggest barrier for foreigners.
JGA provides guarantors for both Japanese and foreigners at the same fee, thereby giving

11. 登録取消

日本保証互助会　　　店は、健全且つスピーディーな保証業務を実施していますが、保証実行する場合には、必ず会員と当会相談員との面談を必要とします。

また、当会の調査の結果によっては登録を抹消させていただくこともあります（暴力団関係者と判明した場合等)。

次の禁止事項の項にもありますが、当会のルールをお守りいただけない会員も登録を取り消しいたします。

以上のような登録取り消しの場合、一旦登録された後は登録料は一切返金いたしません。

12. 禁止事項

保証人引受者の多くは、自身が保証人設定に苦労した経験を持ち、会員の心情や心労を十分に理解して、保証を快く引き受けていらっしゃいます。

保証人引き受けには、住民票、印鑑証明、収入証明等個人の重要な情報を知らせ、大切な書類を預けることになります。

この情報を悪用したり、保証人引受者にご迷惑をかける行為は、日本保証互助会会員にとって厳禁事項です。

万一このルールを無視された会員は、登録料・一時会費等を返金することなく即刻登録を取り消します。

これらの不測事態を避けるため、日本保証互助会は登録会員制として運営されており、また専門相談員によるルール確認を実施しています。

以上、日本保証互助会　　　店の簡単なご案内をさせていただきました。

当会は、他の保証人斡旋組織とは違い登録会員制という形態で運営されています。

これにより、確実でスピーディーな保証人設定が可能となっているのです。

また実績のある会員に対しては即日対応サービスも実施しています。

保証料についてもリーズナブルな料金を設定しており、例えば、遠方の親族に保証人を依頼した場合と比較すると、依頼に出向くための宿泊交通費、手土産代や休暇確保等の物理的負担がかかりません。それに、保証人を依頼するという精神的な負担や、依頼後も継続する保証人への気遣いも生じないのです。

また反対に、ご自分自身が親類・知人に保証人を頼まれ、引き受けた場合のリスクを考えていただくと、当会の保証システムと保証費用（一時会費）が、十分納得・満足していただけるものであると確信いたします。

さらに、当会は実績のある会員には一時会費の設定に最低基準を適用することが多く、より安く、よりスピーディーな保証サービスを提供しています。

日本保証互助会は、会員と会と保証人引受者の信頼の和の上に成り立っています。

当会の業務内容と主旨を十分にご理解いただいた上で、ご登録くださいますようお願い申し上げます。

また、保証人が不動産会社等に同席する必要があるときには、必ず事前にご連絡のうえ、日時の設定を行ってください。

当会が、登録申請書、登録料の両方を受領した日を登録日といたします。

7. 送付先住所

〒

日本保証互助会　　　　店

8. 振込口座

銀行　　　　支店

普通預金

口座名:

9. FAX

10. ご案内図

受付時間

受付電話

またサラ金等で借り入れ件数や金額の多い方は、登録されても成功するケースが少ないのが現状です。ご理解ください。ブラックリストに記載されている方の場合は登録できません。

互助保証タイプでは、保証人のご紹介は一日２名までとします。

3. 入居・就職・入学保証等（一方保証タイプ）

賃貸入居や就職、入学等で保証人が必要となったとき、当会が契約している保証引受人の中から適任者を選び、保証設定を行うタイプです。

保証人提供希望の会員は、当会の相談員に保証人資格内容と必要書類を提示するだけで、通常翌日にはその他の必要書類が完備します。 会員が保証人に面接する必要はありません。

外国人会員の場合は、入居保証のみお引き受けします。登録の際必ずパスポートをご持参ください。

また、一次会費とは別に、家賃の１ヶ月分を保証金として申し受けます。

この保証金は退去時、諸費用精算の後返金いたしますがお利息は付きません。

4. 一時会費

登録料以外に入会金・年会費等は必要ありませんが、会員の希望した保証が実行されたときは、下記の一時会費をお支払いいただきます。

一時会費		
互助保証タイプ	融資ローン等	一律5万円
一方保証タイプ	賃貸入居契約	一ヶ月分家賃の8割(1年)、または10割(2年)
	就職身元保証	会社、職種、本人経歴等により変動 当会基準により予想年俸の1～3%間で設定
	その他の保証	期間、目的により変動 当会基準はその都度ご案内します

※ 一方保証タイプの一時会費の下限は３万円となります。
賃貸入居契約については、当会の保証期間は１年間を基本としています。

就職・入学保証の保証期間は１年間です。

5. 更新

互助保証タイプには、通常更新は発生しません。

一方保証タイプは、会員のご希望により更新され、更新料は初回一時会費の半額となります。

更新日の一ヶ月前に当会よりご通知いたしますので、更新か非更新かご回答ください。

前項で記しているように、賃貸入居契約の保証期間は１年間が基本ですので、１年後に更新を希望される際、更新料（一時会費の半額）をお支払いいただきます。

また２年間の入居保証をご希望の場合、更新料は家賃の一ヶ月分となります。

6. 登録方法

当会規定の登録申請書に必要事項をご記入の上、郵送かファクス、またはご持参ください。

お急ぎの場合には、保証人資格、記載済み書類（賃貸契約書等）をご用意の上、登録を行ってください。

ご持参の場合は、日本保証互助会　　　店を運営する下記事務所までお願いいたします。

詳しくは次頁の住所、地図をご参照ください。

①日本人顧客用営業案内

ご挨拶

日本では人生のさまざまな節目において保証人が必要となります。

通常、保証人が必要な時には両親や親族に依頼し解決する場合が多いと思われます。

しかし、両親や親族が高齢化、定年退職、逝去等の年代になると、保証人確保は頭の痛い問題となってきます。

また兄弟の少ない方や、親族が遠方に住んでいる場合には、単に依頼することだけでも精神的かつ経済的に大きな負担になるでしょう。

どのような方にもこれらの問題がいずれ発生する可能性があるのですが、特に転職や転居で見ず知らずの土地に住み始めた方には、保証人確保は切実な問題となっています。


また近頃では、ただ保証人を用意すればいいだけでなく、保証人に諸条件を要求される場合も多くなっています。

一例を紹介しますと、保証人は市内在住で持家の方、上場企業に勤務している方、年収８００万円以上の方、等々があります。


資格が十分で、何でも相談でき、いつでも保証人になってくれる友人が身近に確保できれば、これほど安心なことはありません。

日本保証互助会は、このような友人を紹介する機関として、またその友人の一時的代役としてお役に立つために設立されました。

業務内容ご案内

1. 登録

日本保証互助会の保証人紹介をご希望の方には、まず日本保証互助会　　　店に登録していただく必要があります。

当会は入会金や年会費は徴収しませんが、登録料として１万円をお支払いいただきます。

登録有効期間は５年間で、一旦登録されると登録料の返金はできません。


保証には、以下にご説明する互助保証タイプと一方保証タイプの２種類がありますので、登録の際ご希望の保証タイプをお確かめください。

2. 金融・ローン保証（互助保証タイプ）

日本保証互助会発足の基本理念です。

登録された会員の中から同じ被保証内容、同レベルの保証を必要とする会員をご紹介するタイプです。


例えば、ある会員が銀行の融資を受けようとする場合、同じレベルの銀行、同じ申し込み金額、同期間の保証人を必要としている別の会員をご紹介します。

二者間でよく話し合い、双方が納得したうえでお互いに保証を実行し合うので互助保証というわけです。

当会がご紹介した被保証人同士が、一生の友人としてお付き合いを始められることもあるかと思いますが、それも当会の発足理念のひとつです。


この互助保証タイプでは、当会はあくまでご紹介だけであり、ご紹介後一切責任・関わりをもちませんので、万一一方の被保証人に事故が発生するなどトラブルが発生した場合は、会員同士でご解決くださいますようお願いいたします。

付　録

保証人提供ビジネス必要書類
①日本人顧客用営業案内
②外国人顧客用営業案内

佐藤一徹（さとう　いってつ）

1949年兵庫県神戸市生まれ。

航空自衛隊操縦幹部候補生学校卒。総飛行時間6800時間の元パイロット。42歳で脱サラし、保証人提供屋となる。現在、日本保証互助会会長として支店開設支援で活躍中。

2000年2月フジテレビ、ニュースJAPANの特集で著者のユニークなビジネスが紹介された。

著書『ザ・保証人提供屋』（ダイナミックセラーズ出版、1999年）

著者連絡先　　FAX　045（505）2289

超常ビジネス —— すきま商売発想法 ——

2000年6月10日　初版第1刷発行

著者 ——佐藤一徹
発行者 —平田　勝
発行 ——共栄書房
〒101-0065　東京都千代田区西神田2-7-6 川合ビル
電話　03-3234-6948
FAX　03-3239-8272
振替 ——00130-4-118277
装幀 ——渡辺美知子
絵 ——はやし・ひろ
印刷　中央精版印刷株式会社

ISBN4-7634-1025-3　C0034